키워드 오덕학

키워드 오덕학

서찬휘 지음

생각비행

자생형 한국산 2세대 오덕의 현재 기록

정신을 차리고 보니 나는 이미 오덕이었다. 오덕이니 덕질이란 말이 그때에야 없었지만 하고 있는 모든 일이 이미 빼도 박도 못하게 덕질의 영역에 놓여 있었다. 나는 어려서부터 만화책의 장면을 베껴 그리고 여행 다녀온 이야기를 연습장 만화로 그려대고 만화 이야기라면 눈을 반짝이며 떠들어댔다. 맘에 드는 애니메이션이 나오면 극장에 수십 번을 가서 보고 비디오테이프를 사다가 늘어질 때까지 보며 대사를 달달 외웠다. 다른 친구들이 로봇 갖고 놀던 시절에 나는 애니메이션 주제가를 공테이프에 복사하고 사이사이에 그 곡이 어떤 애니메이션의 무슨 노래라는 걸 소개하는 멘트를 넣어 녹음하며 놀았다.

1990년대 초반부터 컴퓨터 프로그래밍 동호회를 운영해왔던 터라 당연히 밥벌이는 컴퓨터로 하겠거니 생각하고 있었건만, 만화와 애니메이션 감상글들을 모처에 올리다 어느새 만화 관련 글을 쓰는 일을 주업으로 삼게 되었다. 정신을 차리고 보니 이미 오덕이었던 나는 이렇듯 스무 살을 기점으로 완전한 덕업일치의 삶을 살기 시작했다.

한데 남에게 의뢰받은 글들을 내보내는 와중에 점차 내 뇌리에 한 가지 목표가 자리 잡기 시작했다. '언젠가 내가 빠져든 이 문화에 관한 책을 쓰자. 나와 같은 사람들이 즐기고 이야기하는 문화의 연원과 맥락을 짚는 글을 쓰고 싶다.' 주제부터 내용까지 오롯이 내 것인 글을 묶고 싶다는 마음이 든 것이다.

하지만 뜻이 있는 곳이라도 길이 무조건 등장해주진 않는 모양이다. 우여곡절 끝에 10여 년이 지난 2016년에 이르러서야 가까스로 다시금 기회를 만들 수 있었다. 쉽지는 않았다. 시간이 흐르면 흐를수록 알고 있던 맥락에 새로운 맥락이 덧붙는데 그 속도가 가히 기하급수적으로 빨랐다. 속도를 따라잡으며 깊이를 더한다는 게 만용처럼 느껴지기도 했고 변화한 세상은 이미 내가 실시간으로 소화할 수 있는 임계점을 쉽게 뛰어넘었다. 다만 그저 지금 이 시점 내 세대의 관점에서 관찰한 기록을 남긴다는 마음으로 작업에 임했다.

이 원고의 특징은 일본에서 유래한 '우리 바다 문화'를 파고드는 차원이라기보다 우리나라에서 이 문화와 개념들이 어떻게 소비되고 있는가에 좀 더 주목해보았다는 점이다. 이 책의 제목이 《키워드 오타쿠학》이 아닌 《키워드 오덕학》인 까닭이 여기에 있다. 우리에겐 우리에게 맞는 '오덕' 이야기가 필요하다. 아울러 앞으로도 더 많은 이야기를 해야 한다. 이 책이 그 시작이 될 수 있거나 나와 같은 마음일 이들에게 작은 자극이 될 수 있다면 좋겠다.

이 책을 내는 데 힘이 되어준 이를 일일이 열거하자면 끝이 없지만 그럼에도 특히 감사 말씀을 전해야 할 이들이 있다. 자칫 또 멈출 뻔한 원고의 활로를 뚫어준 펜더 이성주 형, 한없이 늘어지는 마감을 감내해주신 생각비행의 손성실 편집자님, 일상과 작업 사이에서 갈팡질팡하던 나를 묵묵히 지켜봐 준 본가와 처가 식구들, 그리고 책이 나올 때쯤 첫 돌을 맞이할 딸 봄이와 아내에게 고개 숙여 고마운 마음을 전한다.

2016년 11월

서찬휘

웹툰WEBTOON

'MADE IN KOREA' 만화 형식 웹툰의
정립 과정과 대외 브랜드화 현황에 관하여

얼마 전, 나는 새로 개설되는 만화 교육 과정과 관련한 소식을 전하면서 기묘한 기분에 휩싸였다. 해당 소식의 출처가 된 공지가 주최 측과 지원 측 홈페이지에 올라와 있었는데, 주최 측인 복지 기관 공지에는 '웹툰 작가 양성 과정'으로 적혀 있는 강좌명이 지원 측인 만화가 단체 공지에는 '웹툰(만화) 작가 양성'으로 적혀 있었기 때문이다.

'웹툰'과 '웹툰(만화)'의 차이를 보며 몇 가지 상념이 동시에 스쳐 지나갔다. 하나는 이제 보통의 인식선에서는 '웹툰'이 '만화'를 확실하게 대체한 게 아닐까 하는 것이었다. 다른 하나는 둘을 함께 쓴다 해도 만화는 뒤에 서는구나 하는 것이었다. 마지막으로 그나마 '만화가'라는 표현은 아예 쓰이지 않았네 하는 생각이었다.

서울 강동구의 성내종합사회복지관에서 주최하는 장애인 웹툰 작가 양성 과정 참가자 모집 포스터. 주최하는 복지관은 '웹툰 작가'로, 지원하는 만화가 단체는 '웹툰(만화) 작가'로 표기하고 있다.

사실 이러한 일이 비단 이번만의 일은 아니다. 2015년을 전후해 만화계에는 교육 기관 및 과정 개설 바람이 불고 있는데, 각자가 내걸고 있는 이름이나 슬로건에 '만화'라는 표현이 거의 보이지 않는다. 이 흐름의 대표적인 한 곳은 이름 자체에 '웹툰 아지트'라는 뜻을 담고 있고, 또 다른 한 곳 또한 광고에 자신들이 받고자 하는 사람들이 '웹툰' 작가 지망생임을 명확히 한 바 있다. 그런가 하면 최근 부쩍 TV 프로그램에 얼굴을 비치는 작가들도 '만화가'라고 스스로를 소개하는 경우가 거의 없고, 공모전도 대부분 웹툰 부문을 중심으로 열리고 있다.

문득 되돌아보게 됐다. 웹툰은 어떻게 한국 만화 자체를 대표하게 됐을까. 그리고 그 웹툰은 지금, 어느 방향을 어떻게 보고 있는가.

웹툰, 그리고 웹툰 독자의 정립과 성장

한국 만화는 꽤 독특한 배경을 지니고 있다. 한국은 콘텐츠가 산업으로서 자생할 수 있는 기준선으로 꼽히는 1억의 절반을 가까스로 넘기는 인구수를 지니면서도 자국 만화의 형태와 틀을 어느 정도 갖추고 있는 몇 안 되는 나라다. 역사 자체도 근현대를 기준으로 할 때 100년을 훌쩍 넘기고 있다.

하지만 한편으로 현대 만화의 흐름 면에서 보자면 일본 만화의 영향에서 자유롭지만은 못한 한계를 분명히 안고 있고, 일본만이 아니라 서구권 만화의 흐름에 예민하게 촉을 세우는 작가군이 자리하고 있기도 하다. 세계 만화의 큰 분파를 이루어 자기 나름대로의 스타일을 구축하고 있는 프랑스어권, 영어권(특히 미국), 일본 등의 만화와 달리 한국은 타국 만화의 특징들이 그야말로 '잡탕'처럼 버무러져 공존하고 있다. 다른 나라(특히 일본)와 달리 내수가 뒷받침되지 않기에 일어나는 현상이라 할 수 있겠다. 이는 일견 역동성으로 보일 수 있지만 다른 면으로 보자면 콤플렉스로 작동하기도 한다. 실제로 한국 만화는 그림체라고 하는 표현 방식을 두고 '한국적 그림'의 유무에 관한 끊임없는 논란의 중심에 서 왔다. 물론 이 논란은 비단 만화에서만 발발하지는 않는다. 한국 대중문화의 근저에 자리한 낮은 자존감에 따른 인정투쟁의 발로라 할 수 있겠는데 타국의 영향이 짙은 만화 분야에서 조금 더 도드라지는 면이 있다.

　이러한 인식 가운데 웹툰은 명확하게 '한국산'임이 드러나 있는 만화 형식이다. 웹툰은 1990년대 말 PC통신 황혼기와 초고속 인터넷망의 가정 보급 본격화 전후, 청소년보호법 사태와 IMF 구제금융 신청과 도서대여점 급속 창궐로 말미암은 출판 만화 소매 시장의 붕괴, 공짜를 앞세워 이용자를 확보하여 상장을 꾀하려던 벤처기업의 범람 등이 한데 맞물린 거대한 아수라장 속에서 컴퓨터 모니터를 지면 삼아 '발명'됐다.

　본래 '웹에 게재할 목적으로 웹의 속성에 맞게 창작된 만화'라는 뜻을 담은 'WEB + CARTOON'의 준말로 2000년 처음으로 명명됐던 웹툰은 〈순정만화〉의 등장과 함께 짧고 간단하고 재미난 그림의 나열로서만이 아니라 웹브라우저의 스크롤바를 활용해 일정 분량의 짜임새 있는 이야기를 전개하는 일종의 '문법'을 갖춘 만화 형식으로 정립됐다. 인터넷 초창기 벤처 거품의 산물로서 태생적으로

스크롤 연출을 통한 장편 극화의 가능성을
보여준 강풀의 〈순정만화〉
ⓒ 강풀

1997년 등장해 초기형 웹툰의 형태를 보여준
권윤주의 〈스노우캣〉
ⓒ 권윤주

공짜 미끼 상품으로 출발할 수밖에 없었다는 점이 계속해서 한계로
작용하긴 했지만, 대형 포털에 기반을 둔 물량 공세와 그에 부응하
는 대중과의 접점 확대는 한계를 인정하고서라도 전에 없는 대중적
인지도 확대를 끌어냈다.

게다가 앞서 언급한 아수라장과도 같은 외부 환경 변화 속에서
오프라인 시장 자체가 심각한 타격을 입은 상황이다 보니, 시장 전
환이 지나치리만치 극적으로 진행되기도 했다. 책과 잡지 구매를
통해서 유지되던 오리지널 콘텐츠 시장 자체가 사실상 궤멸했기 때
문이다. 출판만화 독자 상당수는 이 변화상을 견디지 못하고 멈춰
섰지만, 웹툰을 통해 본격적으로 만화를 접한 이들이 그 이상으로
대거 등장했다.

이들은 스스로를 웹툰 문화의 시작 지점을 향유한 첫 세대로 규
정한다. 이 말은 곧 앞 세대와의 명확한 선긋기를 뜻한다. 이들에
게 웹툰은 출판만화와는 태생적으로는 물론 형식적으로도 완전히

다른 매체로 취급해야 할 대상이며, 인터넷 문화의 여명기를 거치며 자기와 작가가 함께 만들어온 주인 의식이 담긴 대상이다. 기존의 출판만화와는 달리 외국의 영향권 아래에 있지 않다는 의식 또한 강하게 묻어난다. 이들은 이른바 '누구에게 영향 받거나 물려받은 것 없이 나 혼자 컸다'라는 의식을 지니고 있다고 볼 수 있다.

이런 이들이 웹툰과 함께 10여 년의 나이를 먹었다. 그 시간 동안 웹툰은 사실상 폐허와도 같던 공간에 터를 잡고 건물을 꾸준히 지어 올렸다. 그 과정에서 나이를 먹은 만큼 높아진 눈을 충족하기 위해 앞선 세대의 자산을 다시 끌어오는 시도가 연거푸 일어나고 있긴 하지만, '한국 만화'에서 생산 측면과 수요층의 규모 면에서 사실상 오리지널 콘텐츠를 유의미한 규모로 계속해서 생산할 수 있는 환경은 현재로는 웹툰이 유일하다.

출판만화에 향수를 품고 있는 입장에서야 아쉬움이 없는 건 아니지만 현실은 현실이다. 헤게모니 싸움에서 승리했다기보다 남은 게 이뿐이라는 게 아쉬울 따름이다.

 ## 2016년, 웹툰은 어디를 보고 있는가?

웹툰은 상업적 정립 이후 10여 년 사이에 미끼 상품으로서의 한 계치에 도달했다. 포털의 전송량 판매를 기반으로 한 대규모 무료 노출도 국내 인터넷 환경의 성장 정체와 함께 벽에 부닥쳤다.

2008~2009년 이후 인터넷 환경이 모바일 기반으로 또 한 번 급속하게 변화하며 포털 입장에서도 주요 먹거리 자체가 완전히 바뀌는 상황이다. 이 과정에서 적응하지 못한 포털 업체 상당수는 일찌감치 정리됐다. 생존한 포털 입장에서는 웹툰을 뉴스를 비롯한 자사 내 다른 콘텐츠로 유입해 전송량을 발생시키기 위한 미끼 상품으로서만이 아니라 직접 적극적으로 활용할 대상으로 바꿀 필요가 생겼다. 웹툰이 헤게모니 싸움에서 승리했을지언정 오랜 시간 '시장'으로서 주목받지 못했던 까닭은 포털이 직접 투자해 생산하는 콘텐츠로는 사실상 유일하다시피 하면서도 그동안 미끼에 머물러 있었기 때문이다.

때마침 모바일 환경으로 전환되며 유료 결제 대상으로서의 가능성이 열리자 레진코믹스를 비롯한 유료 웹툰 서비스가 대거 등장하여 2016년 현재 웹툰을 다루는 업체 수가 31개에 달할 만큼 근 2년여 사이에 그야말로 과포화 상태로 치달은 바 있다. 오랜 야구 격언처럼 곧 '내려갈 곳은 내려가'겠지만, 지금까지의 과정을 통해 웹툰이 연령대와 소재 면, 그리고 수익 면에서 다양화했다는 점은 높이 평가할 만하다. 미끼 상품을 벗어나 확장되는 과정에서 일어난 붐업은 웹툰을 향한 외부적 인식을 한층 더 좋게 만들었다.

웹툰 에이전시나 웹툰 아카데미를 표방하고 나오는 업체들이 이 사이에 우후죽순 등장한 까닭도, '웹툰 작가' 타이틀을 붙이고 TV 등지에서 엔터테이너로 활약하는 이들이 등장한 것도, 이러한 흐름에 기인하는 바 크다. 어찌 보면 '웹툰'이란 낱말 자체가 장르명이

자 형식명으로서뿐 아니라 일반명사로서 대중 사이에서 더 널리 회자되는 것도 이와 같은 영상 매체 노출이 본격화했기 때문으로 풀이할 수도 있다. 약간은 분하지만 인정할 건 인정해야 한다. 방송의 파괴력은 최소한 지금 단계에서는 그야말로 절대적이다. 그렇다고 웹툰이 만화가 아니냐는 점은 향후 계속해서 연구와 정의 과정을 통해 다루어볼 필요가 있겠지만, 대중 사이에서 통용되고 있는 현상 자체가 이러하다는 사실을 부정할 수는 없을 듯하다.

문제는 이렇게 또다시 급속하게 확장된 만큼의 규모가 유지될 수 있느냐인데, 수익 창출 요인의 상당 부분을 차지했던 성애 콘텐츠도 약발(?)이 벌써부터 떨어져 가고 있다는 점이 문제다. 정말 본격적인 묘사는 허용하지 않는 당국의 눈을 피할 만한 얄팍한 성애 콘텐츠로 한철 장사를 꾀하는 경우가 늘어난 탓이다.

포털 규모를 유지하고 있는 업체들이 이 시점 눈이 빠질 듯 쳐다보는 곳은 다름 아닌 해외 시장이다. '유료화'와 '성애 웹툰' 다음의 헤게모니가 한국 바깥에 있다고 판단하고 있기 때문이다. 다시 말해 지금까지의 확장 기조는 여기까지가 한계선이라는 의미다. 수년 전부터 웹툰 관련 학술 행사마다 내세우는 화두가 다름 아닌 '글로벌'과 '해외 성공 사례 분석'이었던 까닭은 이러한 흐름에 대응하기 위한 움직임이었던 셈이다. 다소 기형적일 정도로 전 인구의 5분의 1 이상이 몰리기도 하는 영화를 논외로 하고 보자면, 웹툰은 물론 콘텐츠 업계가 공통적으로 도달하는 결론은 해외 진출이다. 더욱이 웹툰은 게임에 밀리고 성장동력 자체가 정체되는 상황이 심하

15

〈소녀 더 와일즈〉 일본어판 앱. 네이버 웹툰도 일본으로 나갈 땐 일본 독자의 사용자 경험에 맞춰 컷 단위로 넘길 수 있게끔 장치한다.
ⓒ Hun·제나

다. 인구수는 물론 경기 상황에 비추어 내수가 획기적으로 늘어날 가능성이 거의 없기에 더더욱 그러하다. 요는 '진출' 자체에 의미를 둘 게 아니라 바깥 시장에서 실질적인 수익을 낼 수 있어야 한다는 점이다. 품질 좋은 번역 등은 필수 요소니 더 말할 것도 없겠지만, 바깥에서는 한국에서처럼 전송량만으로 승부를 볼 수가 없다. 해외 독자가 우리 웹툰이 정립한 스크롤 방식에 익숙해지는 게 빠를까 아니면 해외에서도 변용 가능한 형태로 창작한 웹툰을 전략적으로 만들어내는 게 빠를까. 분명한 점은 한국만 한 인터넷 환경과 기기 환경, IT 친밀도가 해외에서도 동일한 수준으로 적용되길 바라선 안 된다는 사실이다.

마지막으로 브랜드 이야기를 해보자. 최근 콘텐츠 지원기관을 비롯한 업계, 학계는 앙굴렘국제만화페스티벌 등 해외를 대상으로 웹툰의 브랜드화에 열을 올리고 있다. 이는 그간 한국 만화가 일본 만화 영향권으로 해석되어 'Korean Manga'(マンガ. 만화의 일본식 표현)로서 서구권에서 분류되곤 했던 점에 관한 대응책으로 해석할 수 있다. 그동안 'MANGA'에 대비되는 한국 만화 브랜드는 'MANHWA'였지만 큰 효과를 내진 못했다. 최근 사례를 보면 아예 'Webtoon'을 한국에서 태어난 만화 형식이자 '한국 만화'의 대체어인 양 적극적으로 알리고 있는 상황이다. 전자가 전략적인 브랜딩의 일환으로 이해될 수 있다면 후자는 이후 해외에서 해외 작가 손

제43회 앙굴렘국제만화페스티벌 (2016. 1. 28~31)에서 열린 웹툰 기획전 〈웹툰플레이그라운드〉 포스터. 해당 기획전은 앙굴렘에서 열린 한국 만화 기획전으로는 네 번째, 웹툰 기획전으로는 첫 번째였다.

으로 창작될 웹툰을 가리킬 여지를 다소 뭉개는 느낌이 있어 주의가 필요할 듯하다. 2015년부터는 '한국 웹툰'을 가리키는 표현으로 아예 'K툰'이라는 명칭을 붙이는 기사가 등장하기도 했다. 낱말이 무엇을 가리키는지에 관한 연구도 필요하겠지만, 바깥을 향한 브랜딩 전략 차원에서 새 용어가 지나치게 맥락 없이 등장하는 건 아닌지에 관한 점검이 필요한 시점이다.

생각할 거리들

'웹툰'이란 용어의 시작점은?

웹툰이라는 말이 공식적으로 세상에 나온 건 2000년 8월 8일, 대형 PC통신 서비스 '천리안'의 인터넷 사이트를 통해서였다. 천리안이 이 사이트에 인터넷 만화방 서비스를 열었는데 그 이름이 바로 '천리안 웹툰'이었다.

이 이름을 붙인 건 당시 천리안 웹툰의 편집장이었던 남선경이다. 남선경은 '웹에 게재할 목적으로 웹의 속성에 맞게 창작된 만화'라는 뜻으로 '웹'과 '카툰'을 합친 '웹툰'을 제시해 관철했다. 천리안 웹툰은 남선경이 앞서 내던 만화지《오즈》의 콘텐츠를 제공했으며, 홍승우 작가의 〈천하무적 홍대리〉를 독점 게재하고 이두호, 이정애, 권교정 등 유명 만화가의 홈페이지를 열어 만화가의 공간을 마련하고 있다는 점을 팬들에게 어필하기도 했다. 하지만 이때까지의 웹툰은 '인터넷 만화' '웹 만화' '사이버 만화'의 다른 이름이었고, 제공하던 만화는 출판만화의 디지털라이징이어서 우리가 현재 알고 있는 웹툰이라고 보기는 어려웠다.

결국 웹툰은 포털 사이트 웹툰 연재란이 등장하면서 비로소 본격적인 궤도에 오르게 된다.

19

웹툰은 만화가 아니다?

생태계 구도 면으로만 보자면 웹툰은 종이책 기반의 출판만화와는 다른 위치에 서 있다. 작품을 세상에 내놓기 위한 프로세스와 인력 구조 자체가 완전히 다르니 어떤 면에서 보자면 웹툰을 출판만화와 구분해야 한다는 주장이 설득력을 얻기도 한다. 하지만 장르적 특성으로 접근할 땐 이야기가 다소 달라진다.

만화는 면 위에 칸을 작가의 의도에 맞게 배열함으로써 독자에게 시간 흐름과 감정의 크기를 전달하는 것을 문법의 골자로 삼는다. 칸이라는 프레임을 치고(또는 긋지 않아도 구분할 수 있을 만한 영역을 지정하거나 배치하고) 이를 지면에 알맞게 배열함으로써 시선에 따른 흐름을 만들어내되 그 흐름을 읽는 시간의 제어권을 독자에게 줌으로써 영상적이되 영상은 아닌 특징을 만든다.

출판만화와 웹툰은 이 칸이 배열될 공간 자체가 종이 위냐 모니터 위냐는 데에서 차이가 있고, 이 차이는 곧 호흡 전달의 맥락 자체의 차이로 연결된다. 한 번에 전달되는 시각 정보 요소의 차이도 크니, 웹툰과 출판만화는 겉으로도 꽤 다른 모습을 보이는 게 사실이다. 하지만 단 하나, 움직임을 지나치게 부여해 애니메이션이 되거나 분기分岐를 지나치게 발생시켜 게임화하지 않는 이상, 또는 카툰처럼 단칸이 아닌 이상 웹툰도 출판만화도 칸과 칸의 배열을 통해 이야기를 의도대로 전달한다는 공통점을 지니고 있다. 이 기본적인 특성을 지니고 있는 한 면의 크기가 어떻든 그것은 '만화'로 봐야 한다는 게 내 생각이다.

20

최호철 작가의 2000년 작품 〈을지로 순환선〉. 국립현대미술관 소장. 216×87cm라는 압도적 스케일을 자랑하는 한 면 위에 다양한 프레임이 복합돼 있다.
ⓒ 최호철

　시선을 잠시 돌려서 보자면, 이 이야기는 최호철 작가의 〈을지로 순환선〉과 같은 작품을 회화로만 봐야 하는가, 그 안에서 만화적 요소를 읽어낼 수 있는가와 같은 논란과 맥을 같이한다. 이 그림은 거대한 면을 이용해 지하철 안의 사람들과 바깥의 풍경을 담아내는가 하면, 차창으로 구분된 구역 안팎의 인물들의 다양한 이야기를 따로따로 구분지어 붙여놓고 있다. 회화 작품으로 전시되었으나 이 작품을 만화라고도 부를 수 있는 까닭은 만화의 기초적인 문법이 가미돼 있기 때문이다. 이와 같은 맥락으로 보자면, 면의 차이가 만화인가 아닌가를 구분하는 잣대는 아니지 않을까 싶다. 물론 그렇기 때문에 용어를 쓰는 데 더 엄중해야 할 필요가 생기기는 한다. 웹툰과 출판만화는 구분하되, 웹툰과 만화를 잘라내듯 구분하는 것은 조심해야 하지 않을까.

02

오타쿠

'화성인'에서 '능력자'까지,
'덕후'의 즐거운 위상 변화

 덕후, 능력자 되다?

근래 화제를 모았던 TV 예능 프로그램 가운데 하나가 〈능력자들〉
(MBC, 2015. 11. 13~2016. 9. 8)이다. 이 프로그램은 "인류는 덕후들
의 능력으로 인해 진화되었다" "당신의 덕심이 바로 당신의 능력이
다"(프로그램 소개 중에서)라며 '덕후'를 별다른 주석문 하나 없이 전
면에 내세웠다. 재밌는 건 〈능력자들〉이라는 프로그램의 제목 자체
다. 말 그대로 덕후를 '능력자'로 지칭하고 있기 때문이다. 제작진
은 여기서 한술 더 떠 "개개인의 전문성이 나라의 경쟁력이 된다"
라고까지 피력했다.

새로운 프로그램의 등장 정도로 여길 법도 하지만, 어떤 사람들

〈능력자들〉 제호
© MBC

에겐 그야말로 상전벽해라는 말이 어울릴 법한 변화로 비치는 현상이었다. 여기서 어떤 사람들이란 바로 덕후들, 바로 몇 년 전까지만 해도 TV 미디어가 '능력자' 이전에 '화성인'으로 분류한 사람들이었다.

 덕후가 화성인 취급당한 사연

본래 덕후 또는 오덕은 '특정 분야의 정보나 관련 상품, 지식을 적극적으로 수집하는 사람'을 가리키는 일본어 '오타쿠'에서 유래해 이미 오래 전부터 생명력을 얻고 있던 한국식 표현이다. 하지만 정작 인터넷 커뮤니티 공간을 넘어 다수의 일반 한국 대중 사이에서 '이게 어떤 부류다'라는 인상을 각인시킨 건 TV 프로그램 〈화성인 바이러스〉(tvN, 2009. 3. 31~2013. 11. 26)라 해도 과언이 아니다.

23

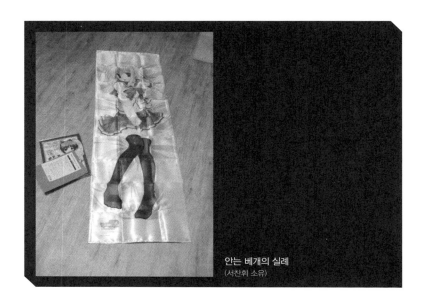

안는 베개의 실례
(서찬휘 소유)

〈화성인 바이러스〉는 화성인을 '우리와는 조금 다른 삶을 살고 있는 사람들'로 정의하면서 대체로 일반 상식선에서 벗어났다 싶은 사람들을 무대 위에 올려 조명 내지는 조롱하는 프로그램이었다. 한데 이 화성인의 대표 주자로 자리매김한 대상이 바로 '덕후'였다. 이 프로그램의 2010년 1월 27일자 방송분에는 애니메이션 캐릭터가 그려진 안는 베개(다키마쿠라抱き枕, 끌어안고 잘 수 있는 등신대 베개를 뜻함)를 들고 나와 "이 캐릭터와 혼인하고 싶다"고 말한 사람이 등장했다.

문제는 〈화성인 바이러스〉가 TV 방송 프로그램이라는 점이었다. 케이블 채널이라고는 해도 TV 방송은 기본적으로 인터넷 커뮤니티보다 한층 더 넓고 다양한 대중 계층에 노출된다. 하물며 이 프로그램은 목적 자체가 이런 대중 관점에서 보편적 상식 밖에 놓여 있다고 여겨지는 사람을 무대 위에 올리는 데 목적을 두고 있었다. 이런 마당에, '그리 호감 가는 외모라고는 할 수 없고' '사회적으로도 궤도에 오르지 않아 보이는 청년이' '비현실 캐릭터와 혼인, 즉 정신적 육체적 교합 여부를 암묵적으로 깔고 있는 과정을 원하고 있다는 사실 자체'는 프로그램에서 소개한 '덕후' 부류에 관한 부정적 인식을 대중에게 고정시키기에 충분했다.

결국 2010년 1월 27일자 〈화성인 바이러스〉 프로그램의 방영은 인터넷 커뮤니티 등지에서 조롱처럼 돌아다니던 '안여돼'(안경 여드름 돼지)형 인물을 화성인(=상식 밖 인물)의 대표주자 '덕후'의 표상으로 정립시켰다. 욕처럼 들리고 실제로도 욕을 덧붙여 만든 멸칭을 방송용으로 억지 순화한 '십덕후'란 표현과 함께 말이다.

 ## 멸시 탈피 과정의 현지화

원래 '덕후'의 어원이라 할 수 있는 '오타쿠おたく'는 일본에서도 멸칭으로 시작됐다. 원래는 '귀댁' 정도를 뜻하는 2인칭 명사 정도였는데, 칼럼니스트 나카모리 아키오中森明夫가 《만화 브릿코漫画ブリッコ》 1983년 6월호부터 실은 칼럼 〈'오타쿠' 연구 'おたく'の研究〉에서 오타쿠를 '안경에 파묻혀 영양실조 걸린 하얀 돼지 같은데' '엄마가 사준 옷 차려입고' '세기말적으로 어두컴컴하다가 만화 행사장에선 잔뜩

모여 활개 치는' '남창 같은 구석이 있어 여자를 사귈 수 없을 것 같은 놈들'을 가리킨다고 적으면서 멸시적 어조를 담은 보통명사로 정립된다.

명색이 연구란 말을 제목에 달아놓은 글이라고는 믿기 어려울 정도의 개인 감상적 악담을 구구절절 쏟아낸 글이어서 3회 만에 연재를 중단당했다고는 하지만, 어쨌든 해당 글은 오타쿠 용어 정립에 혁혁한 공(?)을 세운 글이 되고 말았다. 여기에 1989년 '롤리타 콤플렉스 살인귀'라고까지 불린 미야자키 츠토무宮崎勤의 도쿄·사이타마 연속 여아유괴 살인사건에 이르러 오타쿠는 시각 기호로서 창작된 캐릭터에 집착해 현실과 가상을 구분하지 못하는 범죄 예비군 정도로 생각돼 왔다. 심지어 2008년까지는 일본 NHK에서 오타쿠를 금지어나 다름없는 방송 문제 용어로 구분하고 있었다.

하지만 이후 인식 재정립과 산업 규모적 재조명 시도, 인문학적 연구가 거듭되며 오타쿠는 꽂히는 취향에 일정 이상으로 몰입하는 사람을 뜻하는 표현으로 일반화하는 지리멸렬한 과정을 거쳤다. 현재는 멸칭에 해당하는 대상을 '키모오타'(キモオタ, きもいおたく 즉 '재수 없는 오타쿠'를 뜻함)라고 구분해 부르는 경향도 생겼다.

한때 일본의 신어사전에서 대놓고 오타쿠를 '만화, 애니, 비디오게임, 아이돌 등 허구성 강한 세계관을 좋아하는 이들을 일컫는다'라고 정의한 바 있지만 현재 오타쿠라는 표현이 가리키는 대상은 철도나 밀리터리, 성우, 특정 인물 등 다양한 분야를 아우르고 있다. 《오타쿠학 입문オタク学入門》(한국에는 《오타쿠─애니메이션 게임영

도쿄·사이타마 연속 여아유괴 살인 사건의 범인 미야자키 츠토무가 재판을 받는 도중 편집자와 주고받은 서신을 수록한 책 《꿈속夢のなか》. 2심부터 대법원 사형 선고 확정까지의 고백을 수록한 후속편 《꿈속, 지금도夢のなか、いまも》도 나와 있다. 미야자키 츠토무는 1997년 4월 14일 사형 선고를 받고 2008년 6월 17일 교수형에 처해졌다.

오카다 토시오의 도쿄 대학교 오타쿠 강좌 《오타쿠학 입문》의 한국어 번역판

화에 미친놈들》이란 제목으로 소개)을 대학에 개설해 "오타쿠는 일본 고유문화의 전통 계승자"라고 약간 과도하게 주장하며 방어논리를 구축한 오카다 토시오岡田斗司夫나 TV 인터뷰에서 한 주에 만화를 12~13권 가량 읽는다며 만화 잡지 이름을 줄줄 외던 아소 타로麻生太郎 전 일본 총리, 오타쿠 문화가 한화로 몇조 단위 시장을 이루고 있다고 밝힌 한 경제연구소의 발표 자료 등이 오랜 시간에 걸쳐 조금씩 대중 사이의 부정적인 관념을 허무는 역할을 했다.

흐름만으로 보자면 한국은 일본의 과정을 고스란히 따라간다. 멸칭으로 시작해 대중적인 인지도 있는 인물의 호의적 반응, 경제적 성과, 학술적 정의 등이 등장하며 대중 사이에서 인식이 바뀌어가는 과정을 겪었다. 뭐 방송국 BGM에 애니메이션 OST가 굉장히 많이 쓰인다든지, 일제강점기를 배경으로 하는 드라마에 "아무로 레이(〈기동전사 건담〉 주인공) 경성대 합격" 현수막이 걸린다든지, 생뚱맞게 드라마 남녀 주인공 이름이 〈슬램덩크〉 주인공 이름인 강백호와 서단풍(한국명 서태웅의 일본 이름인 루카와 카에데流川楓의 '카에데'가 '단풍'을 뜻하는 '楓'인 데에서 유래)으로 정해지는 일이 잦긴 했지만, 그런 건 어차피 알아보는 사람들만 알아보는 이스터 에그easter egg에 가까우니 제쳐두자.

실질적으로 살펴보면, 〈능력자들〉이 등장하기 전엔 〈기동전사 건담〉 피규어를 갖고 있는 연예인이나 아내에게 메이드복을 입히는 남편 등이 등장하더니 어느 사이엔가 아스카(〈신세기 에반게리온〉 여주인공 가운데 한 명)를 향한 사랑을 감추지 않는 연예인에, 〈도라에몽〉에 미쳐 사는 몸짱 훈남 연예인까지 등장했다. 극의 소품이 아니라 실제 인격체로서 덕후가 일반 대중 앞에 자기 취향을 드러낸 것이다. 비록 아키하바라의 절대적 지지를 쟁취한 오타쿠 총리(?) 같은 거물이야 아직 없다지만, 사회적 인지도와 실력을 갖춘 그럴싸한 오덕층의 출현은 스스로를 덕이라 생각해본 적 없는 사람이 대부분일 일반 대중에게는 나름대로 신선한 충격이었다.

어라? 우와? 세상에? 하며 놀라는 일이 반복되다 보니 어느 사이엔가 그런 이가 생각보다 많다는 지점까지 미쳤고, 정신을 차리고 보니 그들이 '사회성 결여' 같은 판단과는 거리가 멀기도 하다는 점을 인지했다. 그리고 인터넷 방송 문화를 그대로 TV에 이식한 〈마이 리틀 텔레비전〉(MBC, 2015. 4. 25~방영 중)이 작정한 듯 연

인터넷 커뮤니티 문화와 덕
스러운 요소가 한가득 녹아
있는 〈마이 리틀 텔레비전〉.
메인 PD가 게임 〈리그 오브
레전드〉 진성 오덕이라는 이
야기가 전해져 온다.

출과 자막에 오덕 문화를 버무려 내놓기 시작하더니 급기야 오덕층
을 전문성을 갖춘 개인으로 정의하는 〈능력자들〉이 나왔다. 이것이
2010년과 2016년, 근 6년 사이의 상전벽해다. 한데 속을 들여다보
면 일본과 아주 똑같지만은 않다.

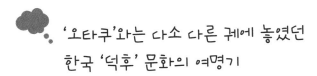

'오타쿠'와는 다소 다른 궤에 놓였던 한국 '덕후' 문화의 여명기

한국에서 오타쿠 문화는 엄혹하고 열악하던 1980년대 말부터 PC
통신에서 일본 대중문화와 그에 관한 정보를 다채롭게 전달하는
역할을 하는 이들에게서 자생하듯 태동했다. 이들은 네트워크가
말도 안 되게 느리던 그 시절 자기 돈과 시간과 노력을 동원해 정
보를 쌓고 외국인과 대화가 가능할 정도로 외국어를 연마했다. 이
들 초반 세대 가운데 상당수는 직접 매체를 만들거나 현업에 뛰어

들어 좋아하는 분야의 콘텐츠를 생산하는 역할을 했고 상당수는 전문 취미가(?)로서 활약하기도 했다. 그러나 초고속 인터넷의 발달과 더불어 정보의 희소성과 정리에 필요한 노력이 압도적인 검색 물량과 기계 번역을 통해 비교적 간단히 상쇄되기 시작하면서 2000년대 초중반 무렵 오타쿠는 '덕후' '오덕'이라는 현지화를 거치기에 이른다.

이 시기 한국에서 '오덕' '덕후'로 통칭되는 부류에 관한 인식은 일본에서의 인식이 그러했듯 그다지 곱지는 않았다. 재밌는 건 한국의 오덕 문화가 일본과 마찬가지로 만화와 애니메이션, 게임 등에 몰입한 이들을 중심으로 일어나긴 했으되 몇 가지 차이가 있다는 사실이다. 하나는 일본의 오타쿠 문화가 그야말로 고도 성장기를 타고 일어난 소비문화의 총아와도 같았다고 한다면, 한국의 오덕 문화는 TV 수상기와 VTR 보급 등과 맞물려 영상문화의 세례를 받은 1세대 자생형 한국 오타쿠들과는 달리 소비성을 상당 부분 결여하고 있었다는 것이다. 이러한 연유로 대상을 향해 깊이를 추구하는 면에서도 다분히 차이가 발생한다.

한국형 '오덕' 문화의 시작은 곧 인터넷망을 통한 불법 공유 문화나 다름없었다. 주 대상층이 소비력이 낮은 세대였던데다 당시 한국이 경제적으로 최악에 가까운 IMF 시기를 지나고 있었던 점을 감안한다고 해도, 한국의 오덕 문화는 '공짜'로 '많이' 보는 게 최우선 과제였다. 참고로 내 경우 만화책을 빌리거나 불법 복제하지 않고 모두 구입해 보았는데, 고작 이것만으로도 "돈이 썩어나느냐?"

31

란 힐난을 수도 없이 들어야 했다.

또 다른 점은 이들이 단지 만화나 애니메이션에 심취한 자들이라는 시선만 받은 게 아니었다는 사실이다. 한국의 오덕(덕후) 문화는 시종일관 충돌을 거듭했는데, 이는 오덕들의 태생적 한계에서 비롯한다. 이들이 보고 있던 게 대부분 일본 것이었다는 점이다. 닭이 먼저냐 달걀이 먼저냐고 할 수 있는 부분이긴 하겠으나, 이 시기 가장 잦은 충돌은 우습지만 '원판 지상주의'와 '일빠 때리기' 사이에서 발생했다. 현지화를 거친 정식판 만화나 애니메이션에 극도로 혐오감을 드러내며 자신들이 일찌감치 (불법으로) 구해 읽은 원판의 품질을 따라하라고 종용하는 이들이 있는가 하면 이들이 '일본 문화를 맹목적으로 좋아하는 식민지 근성(?)에 젖어 있다'며 비판하는 이들도 있었다. 조금만 떨어져서 생각하면 너무나 구도가 명확함에도 해외 자본으로 제작, 연재된 한국 작가의 만화가 한국 작품이냐 아니냐 하는 국적 논란이 분기탱천해 일어났던 것도 이 시기

한때 인터넷에서 회자된 바 있는 어느 학생의 과제 제출용 그림. (본 의도와는 달리) 이 시기의 아이러니한 상황을 잘 보여주는 그림 한 장

고, 사람들이 한국적인 무엇에 유난히 집착하는 기조도 이 시기까지 이어지고 있었다. 그야말로 애먼 방어 논리와 더 애먼 방어 논리가 횡행한 시기다.

결국 '오덕' '덕후'는 '오타쿠'와는 조금 다른 궤에서 형성된 한국식 인터넷 문화의 일종이었으며, '오덕 문화'가 지니고 있던 면면은 다분히 일본 오타쿠 문화의 열화 복제 수준에서 겉만 따라하는 구석이 많았다. 냉정히 말해 대중 사이에서 긍정적인 평가가 가능하기 위한 덕목을 갖추지 못한 채, 용어에서부터 즐기는 방식, 행태, 심지어는 이들을 싸잡아 비난하는 논리와 방식까지 대부분이 사회적 맥락 등을 찾지 못한 채 일본에서 어설프게 가져온 피상적인 면면에 지나지 않았다. 〈화성인 바이러스〉가 화성인의 대표 주자로 지목하고 만 '십덕후'는 부정적인 인상을 줄 수 있는 '패션'의 총집합으로서 주목받았던 셈이다. 대중의 보편적 시선에서는 납득은커녕 설득조차 어려울 무언가를 던지고 만 셈이다. 그것도 가장 강렬한 형태로 말이다.

덕후 문화의 확장과 현재

비록 한국의 '오덕'이 일본 '오타쿠'의 열화 복제를 겪었지만, 오덕 문화가 거기에 머무르고 있지만은 않았다. 웹툰이 상업적 정립 10년을 넘긴 2013년을 거치며 시식용 미끼 상품에서 벗어나 비로소 콘텐츠와 상품으로서 가능성을 타진하기 시작했던 것과 마찬가지로, 덕후 문화도 시간이 지나면서 그 향유층과 함께 나이를 먹기 시작했다. 문화 코드란 시간이 지나면서 원래 정의되었던 범위 바깥으로 확장하며 경계를 무너뜨리고 급기야 멸칭마저도 유희화하는 현상을 겪게 마련이고 그러지 못하는 문화는 역설적으로 박제화하거나 사멸하는데, 오덕 문화는 다행스럽게도 확장되기 시작했다.

그 시작은 '성공한 오덕'들이 조명되는 것이었다. 참 알량하지만 일반 대중에게는 이 점이 굉장히 주효하다. '돈도 없는 것들이 방구석에 틀어박혀 사회성도 없이……'라는 레퍼토리가 그다지 통하지 않는 이들이 등장하고 있다는 점이다. 특히 일부 연예인의 경우 어려웠던 과거를 지탱하게 해준 중요한 동력원이 되어준 캐릭터에 애정을 쏟는 모습을 보임으로써 흡인력 있는 이야기까지 갖추고 대중에게 다가서게 됐다. 〈도라에몽〉을 좋아하는 근육바보 핸섬가이나 절치부심 끝에 대중적 인지도와 음악성을 모두 휘어잡은 실력파 래퍼의 이야기는 어마어마한 긍정 에너지를 흩뿌린다.

이렇게 부각되는 '성공한 오덕' 상당수가 30대 후반에서 40대 초반에 달하는 연령대임은 많은 점을 시사한다. 이 나이대는 극히 일부를 제외하면 자기 분야에서 일정 이상의 성과를 적든 크든 내보이는 인생의 첫 분기점에 다다른 시기다. 우리나라에서도 오덕으로서의 정체성을 지닌 이들이 이 시기에 도달하기 시작했다는 이야기다. 그것도 소비력을 갖추고 말이다. 재밌게도 이즈음 되어서 만화나 애니메이션도 불법을 저지르지 않고 '소비'할 수 있는 창구가 확충되기도 했다. 마치 때를 맞춘 듯한 흐름이다.

이어서 부각되는 건, 사람들이 하고 있는 것도 덕질이었음을 인지하는 과정이다. 2014년부터 1년간 시사 주간지 《시사인》에 연재된 바 있는 〈덕후토피아〉는 세상천지가 모두 덕질거리임을 간증하는 일화로 가득하다. 재밌는 건 '중림동 새우젓'이라는 팀명으로 여럿이 돌아가며 집필한 일화 가운데 만화나 애니메이션 이야기는 그다지 없다는 사실이다. 아이돌 빠순이(!) 경험부터 불상을 피규어처럼 수집하는 아버지 고발(?), 애플 제품, 축구 등에 이르기까지 다양한 분야에 미치고 환장했던 시간이 절절하게 묻어난다.

한없이 몰입하고 순수하게 사랑하는 감정은 허구 캐릭터들에게만 해당하지 않음을 깨달은 사람들은 이윽고 자기가 겪은 일이 '덕통사고'였음을, 자기도 결국 한 마리 오덕이자 덕후(?)였음을 '덕밍아웃'하며 급기야 타인들에게 '영업'을 뛰기 시작한다. 어원을 일일이 밝히자면 민망해지는 표현들이지만, 이제 사람들 보기에 세상엔 '빨아야 할 존잘님'들이 넘쳐나 행복하고 이 행복을 남들에게 전파하지 않으면 안 될 것만 같다. 물론 일반인들 보기에 너무 엇나가지 않게끔 일코(일반인 코스프레)를 열심히 하면서.

이 관점에서 보자면 우리 모두는 어느 무언가에는 덕이다. 덕질이 즐거운 유희가 되는 시점에 '오덕·덕후=안여돼' 프레임은 슬그머니 힘을 잃는다. 이윽고 인터넷 커뮤니티와 SNS에 창궐하던 사방천지의 덕질 놀이는 TV라는 절대적 대중문화 살포 도구(!)에까지 침투하고 있다. '오덕' '덕후' '덕질'이라는 말이 비단 〈마이 리틀 텔레비전〉이나 〈능력자들〉에서만 나오지 않고 있음은 굉장히 중요한 포인트다. 이런 표현들이 이제 대중화했다는 이야기다.

마지막으로 부각되는 건 실로 지고지순한 열정과 자발성이다. 〈화성인 바이러스〉 방영 당시 진행자 중 한 명이었던 이경규는 '십덕후'로 출연한 인물을 두고 중년 아저씨 입장에서 이씨 문중이 망했다며 오열 아닌 오열(?)을 했는데, 〈능력자들〉에 출연하는 이들은 대체로 겉보기에 멀쩡하고 자기 일에도 충실하다. 하지만 자기가 꽂힌 대상을 향한 애정과 노력은 실제 해당 업계에서 잔뼈가 굵은 이들조차 혀를 내두르다 못해 "너 이쪽으로 와라"라며 취업 제안을 즉석에서 던질 만큼 전문성을 지니고 있다. 이러한 노력과 지식은 '덕질'이라는 범주 안에 놓이지 않아 왔을 뿐 덕후 문화가 애먼 논란 속에 정체를 겪고 있던 시기부터 이미 쌓이고 있었던 것들이다. 시대의 흐름이 이들이 쌓아온 면면을 긍정적으로 평가하고 칭찬할 수 있는 데까진 온 것이다.

정리하자면, 어쩌면 일본에서 유래했으면서 정상적으로 성장하지 못했던 한계를 이제는 어느 정도 넘어섰다고 볼 수 있다. 만화 덕후, 웹툰 덕후란 말에서 이제 딱히 안여돼를 연결하는 시기는 지나간 셈이다. 언론은 이러한 현상을 "헬조선을 살아가는 사람들이 자기 자신의 정체성을 찾아가는 과정"(〈떳떳해진 덕후들 "우린 루저 아닌 능력자"〉, 《경향신문》, 2016. 1. 22)이라는 해석을 던지기도 한다. 하지만 기우일지는 모르겠으나 '열정'과 '자발성'이 애먼 방향으로 부각되지는 말아야 할 텐데 하는 생각을 지울 수는 없다. 세상이 열정

페이, 자발적 반페이를 강요하는 마당이니 덕후들의 전문적이고 긍정적인 에너지를 싼값에 고효율을 낼 수 있는 대상으로 인식하는 경우도 혹 있지 않을까 못내 우려스럽다. 헬조선 사회가 자꾸 잊고 있는 진리 가운데 하나, 고효율은 어디까지나 고비용에서 나온다.

김구라

〈화성인 바이러스〉와 〈능력자들〉 양쪽 프로그램에 연예인 김구라가 등장한다. 〈능력자들〉 파일럿에서 그는 덕후에 관한 인상을 긍정적으로 바꿔보자는 프로그램의 취지를 언급한다. 동일 인물이 이러한 이야기를 하는 풍경이 그간의 사회적 인식 변화를 그대로 보여준다.

노무라종합연구소의 분석

한국에서도 웹툰 시장의 규모를 언급할 때 KT경제연구소의 보고서가 자주 인용되는 편이지만, 일본의 경우 오타쿠의 시장 규모를 언급할 때 자주 등장하는 내용은 노무라종합연구소野村総合研究所 (이하 NRI)의 발표다. NRI가 2004년 8월 24일 발표한 보도자료 〈마니아 소비층은 애니메이션, 만화 등 주요 5개 분야에서 2,900억 엔 시장 — 오타쿠층의 시장 규모 추계와 실태에 관한 조사 マニア消費者層は アニメ・コミックなど主要5分野で2,900億円市場 ～「オタク層」の市場規模推計と実態に関する調査～〉 에 따르면 애니메이션/만화/게임/아이돌/조립PC 다섯 개 분야에 걸친 오타쿠들의 소비 시장 규모는 2900억 엔(약 2조 9000억 원)에

달하는 것으로 집계됐다. 콘텐츠 관련 네 개 분야, 즉 애니메이션, 아이돌, 만화, 게임 산업 전체의 시장 규모는 약 2조 3000억 엔이며 이 가운데 오타쿠 소비층은 금액 기준 11퍼센트를 차지하고 있어 더 이상 영향력과 소비 규모를 '틈새'라고 할 수는 없다고 분석했다.

NRI의 분석(http://www.nri.com/jp/news/2004/040824.html)에 따르면 오타쿠는 '자기 가치관에 따라 금전과 시간을 우선적으로 배분하는 소비 행동' '자기식 해석에 근거한 세계관의 재구축과 2차적 창작 활동'을 반복하면서 이상향을 추구하기에 구매 의욕이 높을 뿐 아니라 커뮤니티 형성의 핵심, 차세대 기술 혁신의 장, 신상품

〈너의 이름은〉은 〈초속 5센티미터〉(2007), 〈언어의 정원〉(2013) 등의 작품으로 국내에도 잘 알려진 신카이 마코토 감독의 신작이다. 꿈속에서 "뒤바뀌는" 소녀와 소년의 사랑과 기적에 관한 이야기를 담고 있다.

실험 대상으로서의 가치도 높아 산업 관점에서 기대되는 역할이 큰 모집단이라 할 수 있다고 한다.

물론 2004년의 분석이고, 최근엔 신카이 마코토新海誠 감독의 〈너의 이름은君の名は〉이 스튜디오 지브리가 아닌 일본 애니메이션 가운데에선 유일하게 100억 엔을 넘는 초대박을 친 사례를 보며 "오타쿠의 코드를 이용한 채로 탈 오타쿠를 해야 대중을 상대로 성과를 낼 수 있다"는 유의 주장에 힘이 실리는 상황이다. 그런데 이러한 주장은 오덕 시장이 일본만큼의 규모를 갖추고 있지 못한 한국에 더 유효한 이야기일 수도 있다. 오타쿠든 한국화한 오덕이든, 이들에게 통하는 코어한 부분을 이용하려면 이들에 관한 이해가 필요하다는 사실만큼은 변하진 않는다.

NRI의 분석이 10여 년이 지난 지금에도 여전히 유효한 점이 있다면, 오덕이 단순히 인상평의 대상이 아니라 경제적으로도 분석해볼 만한 특징을 지니고 있다는 사실일 터다.

코스프레

불분명한 유래 집착과 일본 콤플렉스를 넘어서

앞에서 언급한 바 있는 MBC 예능 프로그램 〈마이 리틀 텔레비전〉에는 전체 출연진 사이에서 균형을 잡는 사회자 '미스 마리테'라는 캐릭터가 등장한다.

프로그램 안에서 매회 미디어 장악을 노리는 '주인님'의 지령을 받아 출연진을 모아 오고 각자의 자리를 배정하는 '쿨 뷰티'(종종 망가짐 주의 feat. 이은결) 미스 마리테 역을 맡고 있는 인물은 바로 서유리. 그 자신이 헤비한 게임 오덕이면서 방송국 공채 시험을 거친 프로 성우이고 각종 코미디·예능 프로그램에서도 맹활약하고 있는 서유리의 프로필에서 빼놓을 수 없는 항목이 있다면 바로 '코스프레'다.

서유리가 코스프레를 한 모습을 표지로
실은 《맥심 코리아》 2014년 10월호

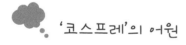

'코스프레'의 어원

코스프레란 만화나 애니메이션, 게임 속 캐릭터로 분장한 모습을
즐기는 놀이 문화다. 복장costume을 갖추고 논다play는 뜻을 담은 영
어 낱말을 섞어 만든 일본식 영어 조어로, 일본어 가타카나로는 'コ
スプレ', 영어로는 'cosplay'로 통용되고 있다. 《옥스퍼드 영어사전》
은 'cosplay'를 "영화, 책, 비디오, 특히 만화나 애니 같은 일본 장르
속의 어느 캐릭터로 분장하는 것"The practice of dressing up as a character from a
film, book, or video game, especially one from the Japanese genres of manga or anime으로 해
설하고 있다. 코스튬 플레이를 하는 사람을 뜻하는 표현으로는 현

재 '코스플레이어'cosplayer, コスプレイヤー가 영어권과 일본에서 정착돼 있고 한국에서는 언어를 가리지 않고 '-er'를 붙이는 일각의 요상한 습관에 기대 '코스어'란 표현이 널리 쓰이는 편이다.

---

goo.ne.jp 〈디지털대사천デジタル大辞泉〉 - 코스프레コスプレ

"〈'코스튬 플레이'의 준말. 일본식 영어지만 cosplay로 적어 세계적으로 통용〉.
만화, 애니메이션, 컴퓨터 게임 속 등장인물의 의상, 헤어 스타일 등을 고스란히 흉내내 변장, 변신한다."

http://dictionary.goo.ne.jp/jn/79261/meaning/m0u/コスプレ

《옥스퍼드 영어사전》 - 코스플레이cosplay

"영화, 책, 비디오, 그 가운데에서도 특히 만화나 애니 같은 일본 장르의 캐릭터로 분장하는 것."

http://www.oxforddictionaries.com/definition/english/cosplay

본래 코스프레라는 용어는 일본인 타카하시 노부유키高橋信之가 쓴 것으로 알려져 있다. 그는 애니메이션 매거진 《마이 아니메マイアニメ (아키타 쇼텐秋田書店 출간)》 1983년 6월호 기사에서 처음으로 '코스프레'コスプレ를 등장시켰다. 타카하시가 소속사인 스튜디오 하드 홈페이지에 실은 코스프레 용어 30주년 기념 기고http://www.hard.co.jp/cosplay_01.html에 따르면, 일본에서는 그 이전부터 만화나 애니메이션 캐릭터로 분장하는 사례가 있었다. 1975년 일본 최대 아마추어 만화인 잔치인 코미켓コミケット이 등장하면서 동인지 판매는 물론 캐릭

타카하시 노부유키
(스튜디오 하드 홈페이지에 공개된 사진을 기반으로 그림)

터 분장과 같은 팬 활동도 늘어났지만 이를 표현하는 낱말은 마땅치 않았다고 한다.

　같은 시기 미국에서는 세계 SF 컨벤션WORLD SCIENCE FICTION CONVENTION, WORLDCON이라는 행사가 열리고 있었는데, 여기서 〈스타워즈〉〈스타트렉〉〈고스트 버스터즈〉 등의 캐릭터 의상을 입는 대회를 열며 가장무도회를 뜻하는 '매스커레이드'masquerade로 부르고 있었다고 한다. 타카하시 노부유키는 매스커레이드를 한자로 직역한 '가장'仮装 대신 '코스프레'란 표현을 만들어 이를 자신의 기사에 썼다. 1983년 6월호《마이 아니메》의 단발성 특집 기사는 〈코스튬플레이 대작전コスチューム・プレー大作戦〉, 슬로건은 "기분은 이미 애니메이션 히어로"気分は、もうアニメヒーロ였다.

　이 기사는 인쇄 매체 지면에 '코스프레'가 명사로 등장한 첫 사

레로, 히어로로 분장한 사람들의 사진을 소개하는 ACT 1과 분장하는 데 유용한 히어로 유형을 분석한 ACT 2, 마지막으로 의상 및 소품 제작 기법을 소개한 ACT 3로 나뉜다. 재밌는 건 ACT 1의 소제목은 '코스튬 플레이'コスチューム·プレー로 나와 있는데 비해 ACT 2와 ACT 3에는 '코스프레コスプレ'란 표현이 등장한다는 점이다. 새 말을 쓰는 데 조심스러워했음이 느껴지는 대목이다.

영어판 위키피디아 등지에 알려지기로는 '코스프레'를 타카시 노부유키가 1984년 세계SF컨벤션에 다녀와 그 풍경에 감복해서 만들어낸 조어라고들 하나 실제로는 한 해 전에 일본의 애니메이션 잡지에 실렸던 셈이다. 이와 관련해 타카시 노부유키는 1984년

'코스프레'란 표현이 처음으로 쓰인 《마이 아니메》 1983년 6월호 중에서
(출처: 스튜디오 하드 홈페이지
—30th Anniversary of COSPLAY)

45

당시 당시 취재 결과를 담은 글이 도쿠마쇼텐徳間書店의 《아니메쥬ㄱ=メ シ゚-》와 헤이본슈판平凡出版의 《주간 헤이본週間平凡》 등에 실렸지만 이 시기까지도 코스프레라는 용어가 직접적으로 쓰이진 않았다고 밝히고 있다. 이유는 당시까지만 해도 코스프레란 표현이 생소했기 때문이라는데, 당시에 채택된 표현은 'SF 가장SF仮装' '환타지 가장ㄱ ㄱ ㄴ ㄱ ㅈ ㅏ ㅣ 仮装'이었다고 한다.

본래 코스튬 플레이(COSTUME PLAY, 또는 COSTUME PIECE, COSTUME DRAMA)란 말 자체는 복식과 분장이 중요한 요소로 작용하는 역사극, 시대극 등을 뜻하는 연극 용어였지만 일본어로서의 코스프레ㅋ ㅅ ㄱ ㄴ는 '허구성 높은 세계관을 지닌 대중문화'(즉 대체로 오타쿠 문화) 속 캐릭터로 자신을 분장하고 즐기는 놀이를 일컫는 표현으로 등장, 이윽고 그 자체가 일반명사 및 동사화하면서 서구권으로 역수출됐다. 다시 말해 우리가 익히 알고 있는 코스프레는 원래 의미로서의 'COSTUME PLAY'와는 갈래가 완전히 다른 용어로 '발명'돼 현재에 이르고 있는 셈으로, 영어로 표기할 때에도 'cosplay'로 적는 편이 옳다 하겠다.

덧붙여 말하자면, 낱말의 뜻 면으로 볼 때 앞서 언급한 〈마이 리틀 텔레비전〉의 진행자 서유리는 '미스 마리테'라고 하는 캐릭터를 코스프레하고 있다고 볼 수도 있다. 프로그램 자체의 콘셉트와 당사자의 속성이 완벽에 가깝게 일치한 경우다.

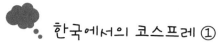

한국에서의 코스프레 ①

우리나라에는 코스프레와 관련해 "코스프레의 원조는 영국"이며 "죽은 영웅들을 추모하는 예식에서 비롯했다"는 설이 널리 퍼져 있다.

아마도 포털 사이트에서 검색하면 앞장서 나오는 해설(네이버 시사상식사전 – '코스프레' / 출처: 박문각) 때문일 것으로 보이는데, 정작 그 예식이 무엇이고 실제 사례가 있는지에 관해선 전혀 밝히지 않고 있음에도 매우 많은 문서가 같은 문장을 복사해 붙이는 수준에 머무르고 있다. 기껏 언급되는 사례가 워털루 전투 당시 나폴레옹과 맞서 싸운 웰링턴 공의 군대를 재현하는 모습인데, 죽은 자나 영웅을 분장을 통해 기리는 사례는 비단 몇백 년 전의 영국이 아니라 고대부터 발견되는 고로 다소 부정확하다.

이는 코스프레라는 표현 자체가 일본식 조어라는 점과 분장 대상 자체가 대체로 일본 만화나 애니메이션인 경우가 많은 데서 오는 반감을 상쇄하기 위한 심리적 방어기제로 보인다. 오히려 할로윈이 켈트족의 악령퇴치용 분장 풍습에서 유래해 종교적 세탁을 거쳐 지극히 미국적인 분장 놀이 문화로 전이했다는 점에서 연결고리를 찾을 수 있지 않을까 싶기도 하고, 특정 역사적 사실의 재현으로는 히스토리컬 리인액트먼트historical reenactment, 옛 문화 체험이라는 측면에서는 르네상스 페어Renaissance Fair 같은 용어가 별도로 있는 상황이다. 물론 이러한 원류 찾기 시도가 의미 없는 바는 아니나 한국

리인액트먼트의 예. 미국 독립혁명 당시 아메리카 민병대가 영국군과 벌인 렉싱턴 전투를 재현
하는 행사(2010. 4. 19)
(출처: https://www.youtube.com/watch?v=Sal2BBdJ4Yc)

에서 코스프레에 관한 인식이 어느 지점에서 출발하는지를 엿볼 수
있는 대목이어서 약간은 입맛이 쓰기도 하다.

한편 한국에 코스프레가 들어온 시기는 1995년으로 볼 수 있다.
당시 한국은 1980년대 말 무렵부터 자생한 아마추어 만화인들이
나름대로의 문화를 구축하며 프로 무대 타진과 진입을 거듭하고 있
었다. 이들의 주 활동 무대가 되었던 전국아마추어만화동아리연합
ACA은 1995년 일본의 코미켓에서 초대를 받았는데, 연합 전체로서
는 준비 미비를 이유로 정중히 거절 의사를 밝혔다. 하지만 이 일을
계기로 일부 아마추어 만화인들이 일본에서 활동하고 그 경험을 국
내에 소개하게 된다. 코스프레가 우리나라에 소개된 게 이 시기로,
당시 X-JAPAN 등 일본 비주얼 록 밴드의 팬북을 내던 이들이 동
인지(아마추어 만화 회지)를 내면서 매대에 밴드 구성원들과 비슷한
복식과 외양으로 등장한 게 시작이다.

48

ACA는 1998년부터 코스프레를 '만화분장'이라는 명칭으로 편입시키게 되며, 이후 '굼벵이관'으로 불리는 중소기업 여의도 종합전시장(SYEX, 2003년 폐쇄. 현 여의도 IFC자리)의 널따란 자리를 만나면서 활황세를 타기에 이른다. 횟수 경쟁에 지친 ACA가 2003년을 끝으로 아마추어 만화인 행사로서는 사실상 무너지고 난 후에는 1999년부터 모습을 드러낸 후발 주자 코믹월드가 코스플레이어들의 주 무대 역할을 하고 있다. 중소기업 여의도 종합전시장의 폐쇄 이후엔 서울 양재동의 aT센터 근처와 지하철 3호선 학여울역에 자리한 SETEC 앞마당이 코스플레이어와 이들을 찍으려는 사진사들의 주 무대가 되고 있다. 다만 주위 건물과 확실한 구분선이 있어 주변과 어울리

중소기업 여의도 종합전시장에서 〈밀가루 커넥션〉을 코스프레한 행사 참가자. 이 장소는 배경이 예쁘진 않지만 마당이 매우 넓고 울타리로 주변 건물과 완벽하게 분리돼 있어 민폐를 끼칠 여지없이 안전하게 코스프레를 즐길 수 있었다.

지 않는 별천지 같은 풍경을 연출하기도 했던 중소기업 여의도 종합전시장 앞마당과는 달리 일반 시민이 적잖게 오가는 공공장소이자 경계 구분이 모호하다는 점이 있어 근처 거주자들과 건물 이용자들에게는 민원의 대상이 되기도 한다.

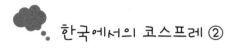

한국에서의 코스프레 ②

한국의 코스프레는 용어 면에서나 그 성격 면에서 일본에서 유래했다. 그 점 때문에 내부에서 애먼 방어기제가 강하게 작동하기도 하지만, 한편으로는 부당한 공격을 받는 부분도 분명히 있다. 초중반에 가장 많이 겪은 논란은 역시 일본 문화를 무비판적으로 받아들인다는 이야기였다.

언급한 바와 같이 코스프레는 1995년 초반에 들어오던 당시부터 일본 비주얼 록 밴드의 모방에서 시작했다. 1998년 무렵에는 이미 아마추어 만화인들의 기조가 순수 창작을 갈고 닦아 프로로 데뷔하자는 목표보다 재밌는 걸 그리는 행위로 만족하는 쪽으로 전이하면서 소위 《점프》 계열(일본 슈에이샤集英社가 출간하는 일본의 대표적 소년만화 잡지) 작품들의 패러디가 범람하던 시기고 코스플레이어들도 이 큰 흐름에 올라타지 않을 수 없었다.

한국 만화는 일본 만화의 영향권에 놓여 있으면서도 상품성을 목표로 철저히 갈고 닦은 정형화보다는 묘하게 작가가 하고픈 이야

50

기를 풀어내는 방향을 타기 일쑤였고, 캐릭터의 조형이나 특성 면
에서 이야기와 지면을 벗어난 현실에서 복식으로 구현할 만한 욕
구를 불러일으키는 작품이 많이 나오질 않았다. 코스플레이어들
은 일본 만화나 애니메이션의 캐릭터만 코스프레하느냐는 비아냥
을 받기 일쑤였지만 한편으로는 한국 작품에서 캐릭터의 매력을 시
각적으로 명확하게 기호화한 경우가 많지 않았던 점을 감안할 필요
가 있다. 일본을 오가며 프로와 아마추어의 경계를 넘나들던 유현
tamaran 작가의 〈선녀강림〉이 당시 몇 안 되는 '한국 캐릭터 코스프
레' 사례였음은 많은 걸 시사한다. 〈선녀강림〉은 작가가 어떻게 해
야 코스플레이어들의 눈에 드는지를 잘 알고 있었던 몇 안 되는 사

유현 작가의 〈선녀강림〉. 현대적으로 재
해석한 선녀와 나무꾼이라는 설정으로 전
래동화 속 캐릭터의 복식이 약간 현대풍
에 맞게 개량된 형태로 등장한다. 미니스
커트 한복 등 최근 젊은이들 사이에서 유
행을 타고 있는 조류를 한발 앞서 구현한
작품.
ⓒ유현

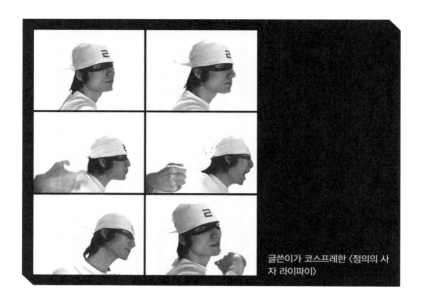

글쓴이가 코스프레한 〈정의의 사
자 라이파이〉

레이기도 하다.

하지만 최근엔 이런 논란 자체가 구차해지는 단계에 이르고 있
다. 한국의 온라인 게임들이 탄탄한 캐릭터성을 선보이며 대거 등
장해 코스플레이어들의 눈을 상당 부분 국내로 돌리게 했기 때문이
다. 그 요인이 만화나 웹툰이 아니란 점이 많이 아쉽지만 만화 창작
의 스타일 문제에 가까워서 앞으로도 크게 변할 수 있을 것 같진 않
다. 다만 이를 차치하고서라도 3.1절이나 광복절에 기모노나 유카
타를 입어 애먼 논란을 일으키는 사례가 일부 발생한 점은 난감하
기 이를 데 없다 하겠다.

코스프레가 한국에서 색다른 면을 보여준 점이 있다면 바로 퍼
포먼스다. ACA가 무대행사로 올린 이래 코스프레는 단지 복식을

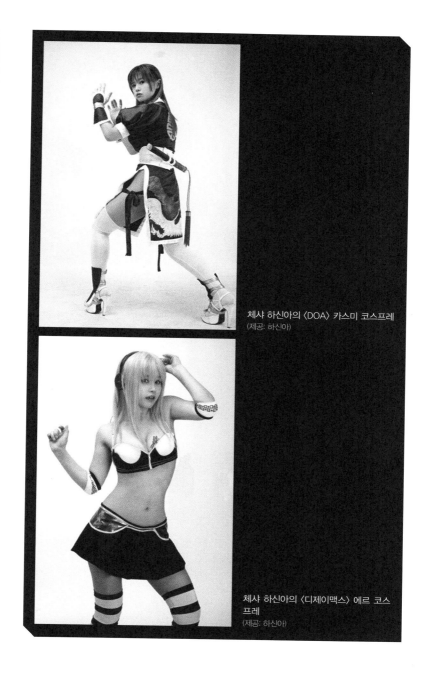

체샤 하신아의 〈DOA〉 카스미 코스프레
(제공: 하신아)

체샤 하신아의 〈디제이맥스〉 에르 코스
프레
(제공: 하신아)

갖춰 입고 캐릭터를 흉내 내는 행위를 넘어 각본과 음향효과, 배경음악, 안무를 동원하여 연출하는 종합 퍼포먼스로 거듭났다. 물론 모든 코스프레가 집단 퍼포먼스를 목적으로 하지는 않는다. 하지만 캐릭터 자체를 연기하는 퍼포먼스 팀 가운데 상당수가 연극에 준하는 수준을 보여주기도 한다. 시상이 이뤄지는 코스프레 행사의 경우 개인 단위가 자세를 잡고 끝내는 것보다는 화려한 퍼포먼스를 앞세운 팀이 유리한 측면은 분명히 있다.

흔히 나누기를, 덕중지덕이라는 양덕(서양의 만화·애니메이션·게임 오타쿠를 일컬음) 코스플레이어가 재력과 물량을 앞세운 디테일을 앞세우고 일본 코스플레이어가 캐릭터 자체가 되는 데 치중한다면 한국의 코스플레이어들은 퍼포먼스를 통한 역할극을 즐긴다고들 한다. 코스프레가 한국 특유의 가무 중시 문화와 만난 결과물이 아닐까 싶다.

 ## 부정적인 어휘에 '코스프레'를 붙이지 마라

코스프레는 단순 흥미로든 직접 감행으로든 오덕이라면 흑역사 제조(?)를 무릅쓰고서라도 청춘기의 한 페이지를 장식할 만한 이벤트다. 근래 들어서는 취미를 넘어 스파이럴캣츠와 같이 프로로 활동하는 경우도 있을 만큼 전문적인 영역으로 확장되어 가고 있다. 초기 코스플레이어로서 바닥을 닦고 문턱을 낮추는 노력을 아끼지 않은 하신아(체샤) 등의 노력도 한몫했다.

지금 우리나라에서의 코스프레는 매년 시쳇말로 '쓸고퀼'(쓸데없이 고퀼리티)에 연기력까지 동원한 코스프레 졸업사진을 선보이는 의정부고의 사례처럼 젊은이들의 건강한 놀이 문화로 부각되는 경우도 있는가 하면, 미군기지 이전 문제로 원래 거주자들과의 마찰을 겪어온 평택시처럼 코스프레를 '복식문화 교류를 통한 다인종 다문화 융합'의 매개체로 활용하는 경우도 있다. 코스프레는 어느새 일본 콤플렉스에 얽매이지 않아도 되는 단계까지 왔다. 그러나 다른 부작용이 드러나고 있는 상황이어서 주의가 요구된다. 바로 '코스프레'를 부정적 어휘에 붙여 쓰는 것이다.

신문 정치·사회면에서 코스프레라는 낱말을 검색해보면 '피해자 코스프레' '약자 코스프레' '시민 코스프레' '정치인 코스프레' '희생자 코스프레' '을 코스프레' '서민 코스프레' '중도 코스프레' 등등이 줄줄이 걸려 나온다. 방송도 예외는 아니어서 JTBC 음악 예능 프로그램 〈투유 프로젝트―슈가맨〉 2016년 2월 16일자 방송에서는 래퍼 치타와 트루디의 즉흥 랩 디스 배틀 가운데 치타가 "너를 지켜 흉내는 내지 마, 코스프레의 진원지 열등감을 식혀"라는 가사를 내뱉기도 한다.

여기에 쓰인 코스프레에는 '실제로는 아닌데 맞는 척 흉내를 내고 있다'라는 비난이 바닥에 깔려 있다. 하지만 코스프레는 어디까지나 캐릭터를 즐기는 방식이나 자기 스스로가 캐릭터가 되는 경험일 뿐, 그 자체에 악의적으로 남을 속인다는 의미가 담겨 있지는 않다.

언어란 매우 정치적이고 사회적인 약속이다. 악의를 전제로 하고 있다고 멋대로 규정하는 시각이 이 이상으로 확고해진다면, 코스프레는 원래 뜻이 어떠하든 더 이상 놀이도 엔터테인먼트도 아닌 사기의 한 범주로 인식되고 말 것이다. 멀쩡한 코스프레를 악의의 똥통에 내몰지 말 일이다.

생각할 거리들

코스프레와 권력 구도

코스프레는 원래 복식을 제작해 입고 캐릭터가 되어 보는 놀이다. 하지만 다른 한편으로는 캐릭터가 된 모습을 사진과 영상으로 기록함으로써 비로소 완성된다고도 볼 수 있다. 때문에 코스프레 활동과 사진 촬영은 중요한 연관성을 지니게 된다.

한데 휴대전화로 셀카를 찍는 게 아닌 이상, 코스프레 사진은 혼자서 찍기가 거의 불가능하다. 만화나 애니메이션, 게임 속의 캐릭터로 분한다는 건 단지 옷을 입고 흉내를 내는 것이 아니라 작품 속에서 캐릭터가 어떻게 묘사되었는가까지를 연구하는 작업이다. 코스프레하는 모습을 사진에 담는다는 건 단지 촬영에 그치지 않고 앵글과 빛을 이용한 연출의 영역을 건드리게 된다. 코스프레에 고가 사진기와 조명 등 전문 장비를 동원한 전문 사진사들이 붙는 건 좀 더 나은 품질의 사진을 남기기 위한 협업 과정인 셈이다. 또한 코스프레가 자기만족적인 놀이이자 적극적인 표현 욕구에 닿아 있다 보니 자연히 온라인을 통해 사진을 공개하는 과정이 덧붙는다.

사진을 남기고 사람들 앞에 공개하는 과정이 이전까지는 커뮤니티를 중심으로 이뤄졌고, 사진 속 모델의 초상권자야 코스플레이어지만 저작권자는 엄연히 사진을 찍은 사진사다. 때문에 코스플레이어가 사진을 통해 '활동'하기 위해서는 사진사를 통해야 하는 구도가 성립했다. 코스프레 문화의 초기엔 코스플레이어들의 연령대가 낮았고 압도적으로 많은 수가 어린 여성이었다. 반면 사진사들은 압도적으로 많은 수가 코스플레이어에 비해 연령대가 높은 남성이었다. 코스프레에는 이러한 성별, 연령 대비로 말미암아 충돌이 자주 발생했다. 세대 차이나 태도 및 입장 차이에 따른 충돌은 으레 있기 마련이지만, 더 큰 문제는 사진을 찍어 올려준다는 것이 권력화한 결과 어린 여성들을 상대로 한 성희롱이나 추행 등이 발생하곤 한 것이다. 사진사들을 싸잡을 일은 물론 아니지만, 사진으로 온라인 활동을 하려는 이들이 자기 주체성과 결정권을 지니지 못하고 자기보다 물리력 면, 연령 면으로 강자 입장에 서 있는 이를 거쳐야만 하는 구도는 그리 건강하다 할 수 없다. 이는 비단 코스프레만의 문제는 아니고 만화가 데뷔를 원하는 이들을 상대로도 종종 일어나는 일로, "유명하게 해주겠다"라는 식으로 접근하는 경우 인정받고 싶어 하는 욕구가 강한 젊은이들이 쉬 말려들곤 한다.

코스프레가 긍정적인 문화로 정착되려면 대외 활동에서 만난 이들 서로가 모두 동등한 사이임을 확인하는 과정이 선행돼야 한다. 인간관계는 균형이 깨지는 시점에서 갑—을 관계로 순식간에 전락한다. 다행스럽게도 코스프레의 경우 최근에는 사진 기반 SNS 등을 통해 안전이 확인된 지인들끼리 즐기고 그 모습을 노출하는 경우가 늘고 있어 이전과는 다른 모습이 돼가고 있다고 한다.

야오이
그리고 BL

여성의, 여성에 의한, 여성을 위한 섹슈얼리티 판타지

지난 2016년 1월 16일 일본의 SNS 계정 사이에서 일본의 대학 입시 센터시험이 화제에 올랐다. 한국으로 치면 수학능력시험쯤 되는 이 시험의 국어(=일본어) 영역 주석문에 예상치 못한 두 낱말이 실려 있었기 때문이다. 하나는 '메이드 카페', 그리고 또 다른 하나가 '야오이'였다.

설마 대입 시험 지문에서 만날 줄 몰랐던 낱말이 출현한 데에 많은 이가 웃음을 참지 못했는데, 심지어 낱말 풀이가 그럴싸한 수준을 넘어 상당히 진지하고 정확한 편이라서 또 묘한 개그 포인트가 됐다는 후문이다. 한데 메이드 카페는 기세가 좀 꺾였다고는 하나 여전히 영업을 하고 있는 업종이라면 야오이는 완연한 사장세를 겪은 지 오래된 형편이어서 다소 의외라 할 만하다.

일본 대입 시험 국어영역 주석에 '야오이'와 '메이드카페'가 등장했음을 알리는 한 트윗 계정

'야오이'의 시작

용어로서의 '야오이'는 일본 최대 아마추어 만화인 행사인 코미켓 (코믹마켓)이 시작된 1970년 중반을 가로지르며 형성된 조류에 붙은 이름으로, 활자를 통한 용어 정의가 시도된 건 1979년 12월 20일 만화연구모임 '라부리'ラヴリ(1968년 10월 결성)가 낸 동인지(아마추어 회지) 《라포리らぽり―야오이 특집호》에서였다. 흔히 야오이의 어원으로 언급되는 '야마나시山なし(갈등 없음)·오치나시落ちなし(결말 없음)·

《라포리—야오이 특집호》 표지. 1979. 12.
20 간행. B5사이즈로 35쪽 분량

이미나시意味なし(의미 없음)'란 표현의 출처인 셈이다.

《라포리—야오이 특집호》에 참여했던 하츠 아키코波津彬子는 2001년
11월 18일 개최된 이벤트 '코미티아58'의 카탈로그 팸플릿 《디아
스매거진 58ティアズマガジン58》의 야쿠자 영화 〈형제인의兄弟仁義〉 특집,
"〈형제인의〉와 그 시대"「兄弟仁義」とその時代의 특별 인터뷰에 《라포리—
야오이 특집호》의 일원인 사카타 야스코坂田靖子와 함께 참석해 다음
과 같은 발언을 한다. 참고로 〈형제인의〉는 이들이 1981년 패러디
회지를 만들기도 했던 작품이다.

- - - - - - - - - - - - - - - - - - -

원래는 내가 만든 말이 아니고 《라부리》의 회원인 마루 미키코
磨留美樹子의 만화 제목이었습니다. 〈야오이夜追い('밤을 좇는다'는 뜻)〉

라고, 의미를 잘 모르겠다 싶은 만화였어요. (웃음) 독특한 성적 매력이랄까, "뭘까 이건"이란 느낌이 있는 작품이었습니다. 게다가 본인은 진지하게 붙인 제목이었는데, 나중엔 스스로 "갈등(야마)도 결말(오치)도 의미(이미)도 없어~"라고 제목에 붙여서 말하고 있었기 때문에, 앞서서 《라부리》 동료 사이에서 진짜로 "갈등도 결말도 의미도 없다"라는 의미로 유행했죠. 하지만 그 〈야오이〉라는 작품에 관해선, "이건 뭐지?"란 기분이 마음속에 남아 있었기 때문에 재미를 쫓아가 정의를 붙여보자 해서 《야오이 특별판》을 만들었습니다. 처음엔 베드신에 의미가 없었습니다만, 발전했네요.

'〈형제인의〉와 그 시대' 특집이 실린
《디아스매거진 58》 표지

다시 말해 같은 회지에 참여한 만화가가 자기 작품명에 빗댄 자조적 우스개가 정의로 발전한 경우다. 하츠 아키코는 이후 일본만화학회 제12회 대회(2012. 6. 23~24)의 이틀째 행사로 열린 학술대회 제1부 〈만화동인지의 역사와 역할マンガ同人誌の歴史と役割〉을 통해 대체로 앞서 소개한 맥락의 발언을 하기도 했다. 여기에서 하츠 아키코는 야오이란 말이 이후 이렇게 널리 쓰이게 될 줄은 몰랐다는 말도 덧붙였다.

그 정의란, 갈등 없고·결말 없고·의미 없으면서 남성끼리의 연애를 그리면서 색기가 있다, 이 세 가지를 충족하면 '야오이' 작품이라는 겁니다. 당사자로서는 이걸로 완결해서 다른 생각은 아무것도 없었고, 그 후의 일에도 관여하고 있지 않습니다만 설마 하니 그 말이 뒷날 홀로서기를 해서 《이미다스imidas》(슈에이샤가 내는 시사용어 사전)에 실리게 될 줄은 생각지도 못했습니다. (회장 폭소) 다만 이 말은 1979년 태어난 후 곧바로 일반화한 게 아니라 당시 이 장르는 동명 상업지 제목에서 따온 《쥬네JUNE》라 불리고 있었습니다.

발언 출처: mixi 커뮤니티─일본만화학회 제12회 대회

http://mixi.jp/view_bbs.pl?comm_id=36568&id=70231840

일본만화학회 제12회 대회 카탈로그. 왼쪽 아래에 《라포리-야오이 특별호》 표지가 보인다.

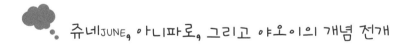

쥬네JUNE, 아니파로, 그리고 야오이의 개념 전개

하츠 아키코의 말마따나 야오이란 말은 1979년 처음 문자화하여
세상에 나왔지만 실제로 코믹마켓 등지에서 널리 쓰이기 시작한 건
1980년 중반 이후다. 야오이에 앞서 소년들의 사랑이라는 뜻으로
'소년애'少年愛, 애니메이션 패러디를 줄인 '아니파로'ｱﾆﾊﾟﾛ, 대상을
남성-남성 간 성적 소재로 삼는 일이란 뉘앙스를 담은 '호모네타'
ﾎﾓﾈた, 그리고 1978년 10월 창간된 《쥬네JUNE》(창간 당시엔 《comic
JUN》)의 이름이 그대로 장르명으로 굳은 '쥬네'가 있었다. 이 가운

64

데 대표적인 건 쥬네로, 비교적 진지하고 심각하며 배덕하며 탐미
적인 어린 남성 간의 애정 관계를 묘사하는 잡지의 경향을 내포하
고 있었다. 참고로 탐미耽美(탄비)는 1970년대 발화한 미소년 만화
조류의 특징이자 거의 쥬네 계열을 대표하는 뉘앙스로 쓰이면서
'소년애'의 일어 발음을 영어 알파벳으로 적은 'shonen-ai'와 함께
'tanbi'라는 낱말로 영미권으로 수출돼 쓰이는 모습을 보이고 있다.

　야오이는 1980년대 초반 미청년 사이의 라이벌 구도를 장착한
〈투장 다이모스鬪将タイモス〉〈기동전사 건담機動戦士ガンダム〉 등 로봇 애
니메이션의 인기 속에서 폭발적인 붐을 이루었던 아니파로에 이어
1984년 무렵부터 수면 위로 떠올랐다. 당시 촉매가 된 작품은 〈캡
틴 츠바사キャプテン翼〉로, 《주간 소년 점프》에서 연재되다 애니화되어
일본에서 시청률 20퍼센트를 넘기는 기염을 토한 바 있다. 2015년
1월 6일 오사카 리에大坂理恵가 발표한 논문 〈'부녀자'의 사회사腐女子

〈캡틴 츠바사〉
ⓒ 타카하시 요우이치高橋陽一

の社会史—여성에 의한, 여성을 위한 남성 동성애 소설의 사회사女性によ る女性のための男性同性愛小説の社会史〉 11쪽을 보면, 당시 〈캡틴 츠바사〉가 끼친 영향에 관해 "원래 대상층인 소년뿐 아니라 여성들에게도 인기가 높았다. 주요 등장 인물에 여성이 거의 없고, 또한 축구 소년끼리의 우정이 선명하게 그려져 있었기 때문에 야오이로서의 2차 창작을 행하는 데 매우 용이한 소재가 아니었을까"라고 소개하고 있다.

어쨌든 이 시기 이후 코미켓에는 야오이가 2차 창작이란 방식을 통해 마음에 드는 소년 캐릭터를 원작에선 전혀 상상하지 못할 관계성으로 엮으며 즐기는 장르로 정착한다. 좁은 의미로서의 '야오이'가 2차 창작에 기반을 둔 자의적 관계성 재조립 놀이 또는 그러한 작품을 뜻하는 장르로 해석되는 것도, × 기호를 사이에 두고 순서 배치에 따라 성적 위치와 역할을 부여하는 커플링coupling 공식이 정립된 것도 이 시기다. 더욱이 야오이는 하츠 아키코가 인터뷰를 통해 밝힌 바와 같이 야오이를 이루는 세 가지 요소에 남성끼리의 애정에 색기만 갖추고 있으면 성립하는 데다 장르만이 아니라 그러한 구도를 즐기는 행태 또는 기호를 가리키는 용어로도 쓰일 수 있기 때문에 보는 입장에서도 만드는 입장에서도 진입 장벽이 매우 낮은 편이다.

어떤 의미에서 보자면, 이 글의 첫머리에서 언급한 바 있는 2016년 일본 대학 센터시험 국어 영역에 등장한 야오이의 용례는 야오이의 좁은 의미를 군더더기나 편견 하나 없이 반영하고 있다.

　'야오이' 등의 2차 창작 – 기존 작품을 원작으로 파생적인 이야기를 만들어내는 걸 '2차 창작'이라 부른다. 원작에서 남성끼리의 유대에 주목해 그 관계성을 대체하거나 바꾸거나 하는 것 등을 '야오이'라 부르기도 한다.

　이처럼 좁은 의미에서의 야오이가 2차 창작에 기반을 두고 있다면, 넓은 의미에서는 2차 창작과 상업 콘텐츠를 통틀어 작품 자체가 남성 캐릭터 사이의 성적 위치와 역할을 소재로 제작된 작품 전반을 가리키는 표현이기도 하다. 좁은 의미에서의 야오이를 히라가나 표기로 'やおい'라 적고 넓은 의미에서의 야오이를 가타카나로 'ヤオイ'라 적는 경향도 있다. 이 밖에 변종 표현으로는 '801'이 은어로 쓰이기도 하는데 이는 각각 첫머리가 일본어에서 '야' '오' '이'로 읽히거나 비슷한 숫자를 조합한 것이다. 8은 일본어로 '야츠'やっ로 읽히고 0은 '오'와 모양새가 비슷하며, 1은 일본어로 '이치'いち다.

　한편 한국에서는 만화·애니메이션 칼럼니스트이자 번역가, 기획자로 활동하는 선정우mirugi가 1995년 야오이의 영어 표기 첫 글자를 따 만든 'Y물'이란 표현이 한동안 널리 쓰인 바 있다. 만화가 권교정은 'Y물'의 어감을 빌려 끈적하지 않으면서 친밀함 이상의 감정으로도 보일 법한 감성을 살짝 건드리는 장르로 'F물'이란 표현을 만든 적도 있다. 여기서의 F는 'Friendship'의 F로, 권교정의 작품 〈Always〉나 이아인의 〈나의 아름다운 세탁소〉 정도가 해당하

오토쇼보桜桃書房가 1990년 8월 1일자로 창간한 시리즈 앤솔로지 《GUST》, 제호 바로 아래에 'YAOI COMIC'이란 글자가 적혀 있다.

지만 이후 남성 캐릭터들이 우정 이상 성행위 이하에서 줄타기 내지는 널을 뛰는 브로맨스bromance 장르가 유행하면서 점차 잊힌 표현이 됐다.

보이즈 러브Boys' Love, BL의 등장

한 시대를 풍미한 야오이도 1990년대 중후반으로 넘어오면서는 또 다른 용어에 자리를 내주기 시작했다. BL이라는 약칭으로 더 많이 쓰이고 있는 'Boys' Love'가 그것이다. 보이즈 러브, 즉 BL은 일본식 영어 표현으로 현재에 이르러서는 거의 야오이의 동의어처럼 쓰이고 있지만 사실은 출발점이 다소 다른 용어다.

1990년대에는 소년 또는 남성 캐릭터 간의 관계에 주목하는 작품을 만들어내는 잡지 형태의 출판물이 다수 간행됐다. 이 가운데 1991년 12월 창간한 바쿠야쇼보白夜書房의 《이마쥬イマージュ》나 1994년 3월 창간한 후타미쇼보二見書房의 잡지 《샤레이드Charade》, 잣소우샤雜草社의 만화 정보지 《파후ぱふ》의 1994년 8월호 특집기사, 세이지비블로스青磁ビブロス의 잡지 등에서 'Boy's Love' 또는 'Boys' Love'라는 표현을 노출하면서 쥬네의 또 다른 표현에서 점차 장르명으로 확장됐다.

재밌는 건 시대적 배경이라 할 수 있는데, 앞서 인용한 오사카 리에大坂理恵의 논문 〈'부녀자'의 사회사腐女子'の社会史〉 25쪽을 보면,

후타미쇼보의 《샤레이드》 2004년 3월호 표지. 창간 10주년 기념호다. 제호 위에 "소녀들을 위한 보이즈 러브BOYS' LOVE FOR GIRLS"라는 캐치프레이즈가 선명하다.

잣소우샤의 만화 정보지 《파후》 1994년 8월호 표지와 차례. 52쪽에 〈BOY'S LOVE MAGAZINE 완전공략 매뉴얼〉이라는 특집기사가 실렸음을 확인할 수 있다. 이 기사는 '보이즈 러브'가 장르 명으로 정착하는 데 일정 이상의 역할을 한 것으로 알려지고 있다.

1980년대와 1990년대의 가장 큰 차이점으로 일본의 일반 여성이 남성 동성애자를 선호하게 됐다는 점을 언급하고 있다. 오사카 리에에 따르면 1991년 2월 여성잡지《클레어CLEA》가 〈게이 르네상스 '91〉라는 특집을 실어 발매 1주일 만에 매진시키는가 하면 1993년엔 동성애자가 등장하는 드라마가 히트하는 사례가 연이어 일어났다. 아마추어 만화인(만화 동인)들 사이에서 자생한 야오이와 달리 BL이라는 용어가 상업 매체들을 통해 다분히 캐치프레이즈 형태를 띠고 등장한 것은 이러한 분위기 속에서 남성 간의 관계성을 드러내는 콘텐츠가 음지가 아닌 양지에서 생산되고 또 소비되어도 별다른 충격이 없는 정도의 사회적 합의, 일종의 개념적 시민권을 획득한 것으로도 해석할 수 있겠다.

여성잡지 《CLEA》 1991년 2월호, 〈게이 르네상스 '91〉이라는 특집기사를 실었다.

BL은 상업 지면을 통한 창작 콘텐츠를 가리키는 표현으로 등장했기 때문에 좁은 의미로서의 야오이와는 출발점이 다르다. 굳이 구분하자면 야오이가 아닌 쥬네에서 파생된 표현이다. 넓은 의미에서 상업 지면과 아마추어, 창작과 패러디를 모두 총칭하는 야오이가 BL의 상위개념이라는 견해도 있지만 현실에서는 2000년대 이후 BL이 사실상 야오이란 표현 자체를 거의 대체하다시피 한 상황이다.

한국에서의 야오이와 BL

일본의 아마추어 만화계는 1980년대에 아니파로라는 기조를 겪으며 다소 엘리트주의에 가깝던 회지 활동의 방향이 다분히 가벼워졌다고 하는데, 한국의 아마추어 만화계 또한 비슷한 일을 1990년 중후반에 겪는다. 한국의 전국아마추어만화동아리연합이 일본 코미켓의 초청을 받은 것이 1995년이다. 한국의 아마추어 만화계는 1980년대 말부터 자생을 통해 나름의 창작 문화를 견지하고 있었고 잡지 데뷔를 통해 프로가 되려는 이들이 실력을 갈고닦고 있었으나 1995년의 초청 이후 일본 행사에 다녀오는 이들을 통해 아마추어 만화 활동의 기조와 문화가 변화를 겪기 시작했다.

아마추어 만화인들의 주 무대가 중소기업 여의도 종합전시장으로 옮겨온 1990년대 말에 이르러서는 코믹월드라는 행사의 등장과 맞물려 다분히 개최 횟수 경쟁에 돌입하게 되었으며, 참가자들 또한 연 2회에서 월 1~2회로 당겨진 행사 속에서 자기 작품을 만들기보다 일본 작품을 패러디하는 쪽으로 방향을 수정하기 시작한다. 마침 이 시기는 한국에서도 여러 복합 요인으로 말미암아 출판만화 시장에 진입하는 게 별 이득이 되지 않기 시작하던 때다.

이 시기 한국의 아마추어 만화인들에게 패러디 대상으로 인기를 끌던 작품들은 소위 일본의 '점프' 계열(슈에이샤《소년 점프》만화들을 일컬음) 소년 만화들이었다. 〈캡틴 츠바사〉가 일본에서 야오이 패러디 붐을 일으켰다 했는데, 한국에서도 〈원피스〉〈봉신연의〉와 같은 점프계 만화가 패러디 붐을 선도한 셈이다. 주된 패러디 방식은 역시 야오이였으며, 국내에 BL이란 개념이 정착한 건 2000년대가 지나서였다. 한국 정부가 일본 대중문화를 정식으로 개방한 게 김대중 정부 때인 1998년이란 점을 감안할 필요가 있고, 이 시기 인터넷 환경은 지금과 같이 빠르지도 않았다.

한국의 야오이 문화는 대체로 아마추어 만화 행사를 중심으로 생산되고 소비됐다. 또한 PC통신 후반기 급속히 늘어난 소모임을 통한 팬픽션 활동을 통해서도 일정 부분 소화된 바 있다. 하지만 코스프레가 그러했듯 일본 문화가 한국에서 대중적 합의 속에서 용인되기란 쉽지 않았다. 하물며 이곳은 동방예의지국의 탈을 쓴 보수주의 국가 대한민국, 만화로 비역질하는 꼴은 다분히 변태적인 일본 성 문화로 인식되기 십상이다.

야오이로 구분될 법한 작품들을 즐기는 이들은 그 시기 만화나 애니메이션, 음악을 비롯한 일본 대중문화를 즐기던 이들이 대체로 그러했듯 수면 아래에서 조용히 수를 늘려가고 있었지만 결코 바깥에서 목소리를 높이려 들지 않았다. 자연스레 음지에 커뮤니티를 이루고 활동하던 이들은 강고한 방어기제를 앞세워 스스로를 보호하기에 이르는데, 그 논리를 한마디로 정리하면 "어차피 이해받지 못할 거 우리끼리 몰래 볼 테니 바깥에 우리의 존재를 알리지도 말고 간섭하지도 말라"였다. 그 결과 야오이 문화를 바깥에 소개하려던 시도들은 격렬한 반발에 부닥치기 일쑤였다.

워낙 그 벽이 강고했지만 시대는 계속해서 흐르고 있었다. 변화의 단초가 된 건 2000년대 중반이다. 일본이 1990년대 초반 게이 르네상스로 명명된 시기를 겪었다고 했는데, 한국에는 2005~2006년 무렵 야오이적인 코드가 대중문화 속에 대거 진입해 들어왔다. 다음의 예를 보자.

끈적한 음악과 함께 남자가 봉긋이 노출된 다른 남자 가슴팍에 손을 끼워 넣고 강하게 끌어안는 장면이 나온다. 보던 사람 눈이 야릇해질 법한 타이밍에 카메라는 갑자기 줌아웃을 하고, 동한 표정을 짓고 있던 남자가 헤드폰을 떼자 갑자기 엄청난 함성이 터진다. 알고 보니 남자들이 하고 있던 건 레슬링 경기고 함성은 관중의 것이었을 뿐이다. 돌아온 화면에서는 남성들이 그 유명한 '빠떼루' 자세를 취한다. 그리고 드러나는 광고 문구는 "소리가 생각을 지배한다"였다.

다른 광고는 어떨까. 한 게임회사 광고는 이브가 아니라 아담이 사과를 먹고 기절을 했더니 웬 백설공주가 나타나 "오 마이 프린세스"를 외치는데, 백설공주가 남자다.

75

어느 휴대전화 광고는 화면을 눕힐 수 있다면서 두 남자가 서 있는 장면을 가로로 돌리는데 남자가 위 아래에 배치된다.

이준익 감독은 제목부터 오만 가지 생각이 다 들게 하는 영화 〈왕의 남자〉를 공개했다. 한국 만화계에서도 '한국 최초의 오버그라운드 BL'을 내세운 〈절정〉이란 작품이 등장한 것도 이 시기다.

2000년대 중반을 전후한 시기는 야오이, 나아가 BL이 한국에서 반드시 성행위 여부가 아니라도 가볍게 조립될 수 있는 부품이자 코드로서 대중 앞에 설 수 있음을 보여준 시기다. 가벼운 저항을 지나 BL은 2016년 현재 이 장르를 중심으로 하는 웹툰 플랫폼이 등장할 정도에 이르고 있다.

주의해야 할 부분들, 주목해야 할 부분들

야오이, 그리고 이제 야오이를 거의 대체하고 있는 BL에서 가장 중요한 것은 이 장르가 무엇을 표현하느냐다. 그리고 가장 조심스러운 부분 또한 이 장르가 무엇을 표현하느냐다. 원전이나 패러디냐를 떠나 이 장르는 기본적으로 남성과 남성 사이에서 일정 부분 섹슈얼리티에 바탕을 둔 구도를 만드는 데 방점이 찍혀 있다. 오롯이 그 구도만이 전부인가 아닌가의 차이가 있을 수는 있겠지만, 기본적으로는 이 구도 설정 없이 야오이나 BL은 성립하지 않는다.

이 장르는 결국 남성 캐릭터로 진행하는 역할극이다. 인물은 × 기호를 사이에 두고 공세를 취하는 쪽인 공攻, せめ(세메)과 그 공세를 받는 쪽인 수受, うけ(우케)로 구분되는데, 이 공세와 수세가 매우 높은 비율로 남성끼리의 성기 삽입 여부로 갈리긴 하나 중요한 건 이 장르가 성기 자체라기보다 누가 공이고 누가 수냐 하는 역할을 배정해 즐기는 창작 놀이에 가깝다는 것이다. 그 관계는 각자 위치에서 강도가 오르내리며 때론 전복의 가능성도 염두에 둠으로써 상당히 극적인 흐름을 만들어낸다.

야오이, 그리고 BL은 이러한 관계성을 이용한 섹슈얼리티 판타지다. 때문에 남성 간의 동성애라는 형태를 띠고 있을 뿐 실제의 동성애와는 매우 큰 차이가 있다. 야오이나 BL을 앞뒤 잘라서 '동성애물'이라고 하고 이걸 보는 독자층을 두고 동성애를 옹호한다고 말해선 안 되는 이유가 여기에 있다. 그들이 끌려 하는 건 '공'과 '수'로 구분할 수 있는 관계성이다. 그 형태가 주 독자층인 여성들 입장에서 섹슈얼리티의 주 대상으로 삼는 남성들의 모습을 띠고 있을 뿐이다. 공과 수를 두고 흔히 남성 역할을 공, 여성 역할을 수로 놓는 해석 또한 이런 관점에서 위험한데 이 관계성을 오로지 성기 삽입의 방향으로 놓기 때문이다. '접붙이기'라는 형태는 어디까지나 이 역할극, 관계성 놀이를 성립하기 위한 전제조건이고 실제로는 이를 이끌어내기 위한 과정이 무엇보다도 중요한 덕목으로 자리한다. 또한 여성은 이 구도에서 철저히 전지적 관찰자의 위치에 설 수 있고자 한다.

이러한 판타지 장르의 '룰'을 이해하지 않는다면 이 장르는 동성애자의 삶을 그리고 있다는 심각한 오해를 받게 될 것이다. 실제 성소수자들의 모습을 다루는 장르는 '퀴어'queer와 '장미'薔薇(바라)라는 이름으로 별도로 존재하지만, 성 소수자 혐오와 여성 혐오가 온 천지에 너저분히 창궐하고 있는 지금 과연 그러한 구분이 대중 사이에서 유효할지 잘 모르겠다. 아무튼 이 글을 읽는 사람들만이라도 '이런 더러운 걸 왜 읽는지 모르겠다' 같은 무식한 소리는 하지 않을 수 있기를.

생각할 거리들

야오이, BL 용어 정리

야오이 또는 BL에는 여러 공식이 있고 각 공식을 규정하는 용어들이 있다. 각 용어를 간단히 설명하면 다음과 같다.

― **커플링**(Coupling)

엮어주기, 좀 더 속하게 말해 접붙이기. 두 남성 캐릭터를 한 쌍으로 맺어주는 것으로 각자에게 어떤 역할을 부여하느냐에 따라 성향이 달라진다.

― **공**(攻, せめ: 세메)

커플링에서 공세를 펴는 역할.

― **수**(受, うけ: 우케)

커플링에서 '공'의 반대, 즉 공세를 받는 역할.

― **× 기호**

공수 관계를 가르는 기호로, ×를 중심으로 왼쪽이 공이고 오른

쪽이 수다. 이 순서는 야오이 커플링에서 무엇보다도 중요하며, 이를 역전시키는 '공수 전환'은 최고의 카타르시스를 제공한다. 영어권에서는 '×'가 아닌 '／' 기호를 써 장르명을 '슬래시SLASH'라고 일컫기도 한다. 슬래시의 경우 주로 유명작들의 여성향 팬픽션(팬픽)을 중심으로 형성하고 있으나 ×와는 달리 앞뒤 순서가 중요하진 않다.

—— 부녀자(腐女子:후죠시)

여성들을 일컫는 부녀자婦女子의 '婦'를 발음이 같은 '腐'(썩을 부)로 대체한 표현이다. 뜻은 말 그대로 '썩은 여자'로, 야오이 계열에 빠져 있거나 제작에 발을 담그고 있는 여성들의 자조적 표현에 가

〈이웃집 801양〉. 오타쿠 남자와 부녀자 여자로 이뤄진 커플 이야기. 801은 '야오이'의 은어다.
© 아지코 코지마小島阿子

깝다. 국내에서는 '동인녀'라는 표현이 야오이 동인 활동을 하는 여성들을 일컫는 표현으로 굳어가는 형편이었으나 동인 활동을 하는 여성이 모두 야오녀(야오이 애호 여성)는 아니라는 반발에 따라 국내에서도 부녀자라는 호칭을 쓰는 경우가 늘고 있다.

― 부남자(腐男子: 후단시) 혹은 부형(腐兄: 후케이)

부녀자와 비슷한 뜻이지만 주체가 남성이란 게 다르다. 수가 적지만 엄연히 존재한다. 한국에서는 야오이, BL 장르를 천연적으로 즐기는 이들을 '산삼', 후천적 학습(?)을 통해 받아들인 이들을 '장뇌삼'이라고 부르는 경향도 있다.

― NL(Normal Love)

BL에 빗대 남녀 간의 연애를 일컫는다. 문제는 이 용어가 남녀를 맺어놓는 형태를 '정상적'normal이라 일컫는다는 데 있다. 따라서 이성애를 뜻하는 'Hetero Love'를 써야 한다는 문제 제기가 있다. 성적 차별성이 있는 용어는 사용에 주의가 필요하다.

― 브로맨스(bromance)

비교적 새로 등장한 용어로 이성애자인 남성 간의 친밀한 관계를 뜻한다. 본문에서도 언급했지만 우정 이상 성행위 이하에서 줄타기 내지는 널을 뛰는 장르. 최근 이 부류로 분류되는 작품에는 영국 BBC판 TV 드라마 〈셜록〉이 있다.

BBC가 제작한 TV 시리즈 드라마 〈셜록〉. 〈셜록 홈즈〉를 현대판으로 재해석해 큰 화제를 모았다. 중요한 건 두 배우가 연기하는 셜록과 왓슨의 관계가 질척거림과 끈끈함을 절묘하게 오가고 있다는 것. 모리어티라는 강적을 연적(?)으로 배치해 놓는 지점에 이르면 이 작품은 성행위만 안 나올 뿐 사실상 브로맨스를 가장한 BL의 영역에 다다르고 있다. 국영방송에서! © BBC

── RPS(Real person Slash)

실존 인물, 특히 그 가운데 주로 유명인들을 소재로 삼은 BL. BL로 가지 않을 때엔 RPF(Real Person Fiction)이라고 한다. 실존 인물을 다루므로 위험할 소지가 다분하다. 연예인 또는 스포츠 스타들이 대상에 오르곤 한다.

극단적 남성주의는 야오이와 통한다?

지난 2006년 4월, 내가 운영하던 만화언론 《만》은 부천만화정보센터(현 한국만화영상진흥원) 웹진과 '야오이 특집'을 공동 기획한 바 있다. 당시 특집에 참여한 필자 가운데 한 명인 장은선(〈슬레이어즈 팬픽사〉 저자, 현재 SF소설가로 활동 중)은 〈극단적 남성주의는 야오이와 통한다〉라는 글을 통해 이 여성향의 극단적 장르 중 하나가 될 호모 에로틱 판타지인 야오이가 남성향의 극단적 형태인 마초로망과 상통하는 부분이 있다는 주장을 펼친다. 남성들이 서로 집착하고 격돌하는 극단적 남성주의 작품이 카테고리만 옮기면 그대로 야오이로 분류될 수 있는 이유를 《공포의 외인구단》을 예로 들어 설명하는 대목이 압권. 여성 입장에서 야오이를 받아들이는 구조를 이해하는 데 도움이 될 텍스트여서 일독을 권하는 바다.

(전략) 하지만 요즈음 일부 여성 독자들은 더 이상 그런 수동적인 역할에 얽매이지 않는다. 그녀들을 영원히 들여보내 주지 않을 벽 너머를 동경하는 대신 아예 공중으로 떠올라 상황을 내려다보는 편을 선택한 것이다. 이야기 속 변두리 한 편에 마련해준 이입대상 따윈 필요 없다. 이제 그녀들은 스스로 게임을 지배할 수가 있으니까. 남성들만이 공유하던 가치들을 죄다 비틀고 자신들의 홈 그라운드로 끌어들인 후 모든 교감의 종착지를 사랑과 성욕으로 규정지어 버리며, 안전한 위치에서 그들만의 줄다리기를 지켜볼 골드클래스를 여성들에게 제공하는 야오이 필터. 이러한 필터는 남성중심의 이야기 속에서의 배제에 지친 여성들에게 강렬한 유혹으로 다가온다. 남자의 세계니 어쩌니 잘난 체하더니 결국 그거였냐고 비웃으면서 따스한 눈으로 지켜봐 줄 수 있는 쾌감을 맛보게 해주는 것이다.

야오이 필터의 힘은 엄청나서 이 필터로 세상을 보면 공포영화도 호러게임도 더 이상 두려움의 대상이 아니게 된다. 이야기와 관계없이 저 혼자 뚝 떨어진 안전지대에서 살인마나 원령이나 악당이 필사적으로 사랑을 고백하려는 장면을 낄낄거리며 바라볼 수 있는 것이다. 작품 내의 캐릭터에 이입하여 즐기는 것이 아니라, 마치 작가와 같이 모든 뒷사정을 다 파악한 존재로서 이야기를 받아들이게 되기 때문이다. 예전에는 남성들이 사랑의 이름으로 여성을 저만치에서 기다리고 있도록 묶어놓았지만, 이제는 여성들이 사랑의 이름으로 남성들만의 리그를 주관할 수 있는 것이다.

이제 더 이상 여성들은 자신들을 배재 시킨 채 이상향을 공유하는 남성들을 기다리지 않는다. 이천년 대에 혜성이 달려 올라간 언덕에는 [혜

성아 넌 내가 원하는 일이라면 뭐든지 한다고 그랬지 (탁이와) 꼭 한 번만 자주길 바라] 라는 메시지만이 남겨져 있고, 망연자실해서 주저앉는 혜성이의 등 뒤에 선 엄지는 흐느끼며 눈물을 훔치는 대신 탁이의 입원실에 설치해둔 도청기를 가동시키고 있는 것이다.

OSMU ᴼᴺᴱ ˢᴼᵁᴿᶜᴱ MULTI USE

똑바로 서지 못한 원 소스, 멀티 유즈가 무시한다

어느덧 10년은 된 듯한 일화 하나. 한국 만화가 취해야 할 전략을 논하는 세미나에서 발제를 위해 연단에 오른 외국 인사가 인사말 이후에 다음과 같은 말을 했다. 약간 장난스러우면서도 곤혹스러운 표정을 지으면서 던진 한마디.

"왓 이스 오스무?"What is OSMU?

OSMU. '오 에스 엠 유'로 읽는 콘텐츠 업계 용어. 지금이야 이곳저곳에서 널리 쓰이는 용어지만 사실은 콩글리시여서 국제적으로 통용되진 않는 말. 그래도 2000년대 이후 콘텐츠 전략을 이야기할 때 최소한 우리나라 안에서만큼은 빠지지 않는 말.

이번엔 이 OSMU가 어디서 와서 어떻게 쓰이게 됐는가에 관한 이야기를 풀어보도록 하자.

'원 소스 멀티 유즈'는 우리 사회에서 콘텐츠 사업의 기본이 된 지 오래다.

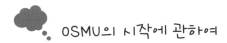

OSMU의 시작에 관하여

'한 원천에서 다양한 쓰임새를 만든다'는 'One Source Multi-Use'를 줄인 조어 'OSMU'. 표면적으로는 대중문화를 산업이라는 틀로 해석하려 한 2000년대 초 김대중 정권기의 정책적 기조를 통해 국가 차원에서 채용됐다고 볼 수 있다. 대중문화 상품이 형식을 달리하며 대중에게 다발적으로 노출되면서 부가 수익을 폭넓게 창출해낸다는 뜻을 지니고 있다. 한국식 영어 조어이다 보니 앞서 소개한 바와 같이 "오스무가 뭐지?"라는 반응을 유발하기도 하는데, 서구권에서는 '미디어 프랜차이즈'Media Franchise, 일본에서는 역시나 일본식 영어 조어인 '미디어 믹스'Media-mix가 거의 같은 뜻으로 통용되고 있다.

콘텐츠 전략이나 현상 해석을 위해 OSMU가 자주 언급되다 보니 콘텐츠 진흥기관은 물론 연구자들 사이에서도 인기 소재다. 이들 사이에서 OSMU의 어원을 언급할 때 높은 빈도로 인용되는 게 2007년 한국방송공학회지 논문으로 발표된 〈사례분석을 통한 방송콘텐츠 OSMU의 고찰—OSMU 이론적 정립 및 비즈니스 분류를 중심으로〉(조성룡 외 5인 공저)다. 이 연구는 OSMU의 어원을 1980년대 초 일본의 전자공학계에서 먼저 쓰기 시작한 용어로 소개하면서 국내에서는 1998년 워드프로세서 '아래아한글'의 제작사인 (주)한글과컴퓨터가 글로벌 전략의 일환으로 쓰기 시작했다고 언급하고 있다.

하지만 이 표현의 원형인 '원 소스 멀티 유즈'가 언론 기사를 통해 발견되는 건 1995년 무렵부터다. 1995년 4월 15일자 《전자신문》 기사 〈[주말안테나] 영상, 음반시장 1조원대 '넘실'〉에는 "최근 방송3사가 자회사로 설립, 운영하고 있는 KBS영상사업단, MBC프로덕션, SBS프로덕션등 영상소프트웨어업체들은 '원 소스 멀티 유즈'One Source, Multi Use 원칙을 바탕으로 한번 제작된 방송프로그램을 비디오프로테이프와 CD롬타이틀, 비디오CD, 음반, 화보집 등으로 재가공해 다양한 형태의 영상, 음반소프트웨어로 출시함으로써 국내 시장뿐만 아니라 해외시장 개척에도 적극 나서고 있는 것이다"라는 내용이 실려 있다.

이 외에 1995년 6월 27일자 《매일경제》에 실린 〈집중분석 선진

각종 미디어들

경영 전략(11) 고부가 '멀티게임기'에 승부수〉라는 기사에서는 "영화와 게임을 연계시켜 사업화하는 멀티유즈multi use 전략도 보편화할 것으로 예상"이라는 문구가 있고, 1995년 12월 15일자 《동아일보》에 실린 〈'전설의 주먹' 제이슨 리 영화—드라마로 만든다〉라는 기사에도 "영화 TV 드라마 소설 CD롬 등을 동시에 제작하는 원 소스 멀티 유스One Source Multi Use를 실현하겠다"라는 인터뷰 내용이 실려 있어 1998년을 한국 내 사용 사례의 시작 시점으로 볼 수는 없을 것으로 보인다.

《사례분석을 통한 방송콘텐츠 OSMU의 고찰—OSMU 이론적 정립 및 비즈니스 분류를 중심으로》논문은 '원 소스 멀티 유즈'를 1980년대 초반 일본의 전자공학계에서 먼저 썼다고 밝히면서 후지제록스 홈페이지(http://www.fxis.co.jp)의 내용을 인용하고 있다. "하나의 소스를 디지털화하고, 이를 다양한 종류의 매체 및 매체에 걸맞은 가장 적합한 형태의 결과물로 아날로그화하여 이용하는 경우, 보다 값싸고 간단하게 만들어낼 수 있는 것"이라 정의했다고 소개하면서 "정보통신 분야에서 주로 사용하며 즉 텍스트·음성·비디오 등 다양한 내용물 등을 다양한 플랫폼을 통해 누구에게나, 언제 어디서나 제공될 수 있게 하자는 의미"라고 각주를 달았다.

현재 일본에서는 원 소스ワンソース라는 표현 자체가 영상 압축(인코딩)/해제(디코딩)/변환/전달 분야에서 쓰이는 기술 용어로, 다양한 대역폭을 지닌 네트워크망에 동일한 내용물을 제공하는 것을 '원 소스 멀티 유즈'라고 표현하는 경향이 있다. 디지털 기반 인쇄와 전자 출판, 웹 환경 쪽에서도 이 용어를 동일한 내용물을 다양한 기기를 통해 보여주는 기술의 이름으로 쓰고 있음을 확인할 수 있다. 이처럼 일본에서 정립돼 쓰이고 있는 'One Source Multi Use'의 개념은 한 콘텐츠를 다양한 창구를 통해 내보임으로써 효과를

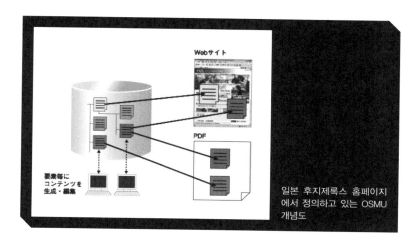

일본 후지제록스 홈페이지에서 정의하고 있는 OSMU 개념도

극대화한다는 점에서 '창구효과'window effect에 가까운 개념으로 볼 수 있다. 다매체 연계 사업화라는 측면으로서의 '원 소스 멀티 유즈'는 한 콘텐츠를 기반으로 파생되는 상품의 형태가 매체에 따라 모두 달라진다는 점에서 창구효과와는 차이가 있다. 용어는 같지만 적용되는 개념이 다소 다름을 확인할 수 있는 대목이다.

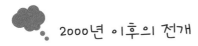

2000년 이후의 전개

한편 다매체 연계 사업화라는 개념으로서의 '원 소스 멀티 유즈' 용어가 영상 외의 문화콘텐츠 영역에서 적극적으로 쓰이기 시작한 시점도 2000년이다. 그 시작은 게임이 끊었다. 소설가이자 만화 스토리 작가인 임달영은 자신이 주축이 된 회사 아트림미디어를 통해 〈프로젝트 제로〉를 발표했다. 그가 집필한 소설판, 만화가 박성우 씨와 합작한 만화판, 아트림미디어가 제작한 게임판이 2000년 10월부터 단계별로 출시되는 방식을 택한 〈프로젝트 제로〉는 시작 단계에서부터 마케팅 포인트로서 '원 소스 멀티 유즈'를 채용하고 나선 기획이었다.

〈프로젝트 제로〉가 시작되고 한 달 뒤인 2000년 11월 16일부터 17일까지 양일간 〈인터넷 게임 최적화 전략〉이라는 세미나가 사단법인 인터넷정보교육센터 주최로 열렸다. 이 세미나에 참여한 싸이디어 유현수 사장은 'One Source Multi Use'와 관련해 "하나의 콘

〈프로젝트 제로〉의 게임판인 〈제로-흐름의 원〉
© 아트림미디어

텐트, 또는 기술로 다양한 산업을 위한 응용 상품을 개발하는 것" 이라는 정의와 함께 ①사업(초기 통합사업 전략의 구축) ②제작(제작사와 기획사, 개발사의 뚜렷한 역할 분담) ③관리(정보 및 기술 공유 시스템의 활성화) ④마케팅(일정의 공유와 출시시기 결정) ⑤수익모델(모든 것의 상품화)로 이어지는 성공 키포인트를 제시했다.

이 세미나 내용은 세미나 둘째 날인 2000년 11월 17일자《게임조선》기사〈원 소스 멀티 유즈가 온다〉에 소개됐다. 해당 기사에서는 'One Source Multi Use' 시스템에 관해 "제품이 출시되기 전에 다른 매체로 홍보되는 '티저teaser 효과'를 누릴 수 있으며 단점은 다른 매체로 컨버전될 때 원작의 의도가 훼손될 수 있다는 점"이라고 밝힌 임달영의 말도 함께 소개하고 있다.

언론에 원 소스 멀티 유즈가 아니라 'OSMU'라는 준말이 쓰인 첫 사례는 2002년 8월 28일 《아이뉴스24》《머니투데이》에 실린 정보통신부의 '8월의 신소프트웨어 대상' 관련 기사를 꼽을 수 있다. 해당 기사들은 2002년 8월 신소프트웨어 대상을 수상한 리딩엣지의 '보이스 비기'라는 제품을 소개하고 있는데, 이에 따르면 '보이스비기'는 "각종 입·출력 장치가 내장된 캐릭터 인형을 컴퓨터, 휴대폰 등 정보기기와 상호 연동되게 구성하고 이를 통해 각종 음성 메시지를 전송하거나 온라인 게임을 즐길 수 있도록 개발된 원소스 멀티유즈OSMU방식의 체감형 게임완구 제품"이라고 한다. 역시 나름의 마케팅 요소로 브랜딩하려던 의도가 읽히지만 문화콘텐츠의 확장과는 다소 거리가 있었다. OSMU라는 표현이 지금에 가깝게 쓰인 첫 사례는 2002년 9월 발표된 한국문화콘텐츠진흥원KOCCA (현 한국콘텐츠진흥원)의 '스타 프로젝트'라 할 수 있다.

이를 기점으로 원 소스 멀티 유즈는 OSMU라는 독립된 용어로서 그럴싸한 외양을 갖추게 되며, 이듬해 KOCCA의 2003년도 연차보고서를 통해 "우수한 기획을 통해 제작된 1차 콘텐츠를 시장에 성공시킨 후 재투자 및 라이선스를 통해 2차, 3차 콘텐츠로 발전시키는 전략"이라는 뜻도 부여받는다. 이후 〈스타워즈〉를 비롯한 해외의 다매체화 성공 사례도 OSMU의 사례로 재해석되기에 이른다. 실제로 OSMU란 용어가 서구권에서 쓰이는 것은 아니어도 말이다.

재밌는 건 2002년 KOCCA의 스타 프로젝트가 OSMU의 첨병격인 콘텐츠로 대부분 애니메이션을 선택했지만 사실상 그리고 지금까지도 이 용어를 가장 많이 쓰고 있는 쪽은 다름 아닌 만화 쪽이란 사실이다. 한국 만화계는 OSMU가 국가 정책 용어화한 시점부터 사실상 업계 최대의 목표로 삼기 시작했다. 만화 쪽이 스스로를 포장하는 표현이 무엇이었는고 하니, 바로 '원작산업화'였다. 이 다섯 글자에 만화계가 당시 처한 현실이 고스란히 담겨 있다.

만화, OSMU에 기대를 품다

OSMU는 만화 쪽만의 용어가 아니다. 2003년 이후 OSMU가 만화 쪽에서 유난히 자주 회자된 까닭은 간단하다. OSMU야말로 이 시기 한국 만화계가 꾀할 수 있는 몇 안 되는 생존 전략 가운데 하나였기 때문이다.

해당 시기 한국의 만화계는 그야말로 위기감이 팽배해 있었다. 1997년 청소년보호법이 발효돼 만화 소매 시장을 착실하게 박살낸 뒤였고, 오랜 시간 쌓여온 후진적 만화 총판 유통망의 한계와 바로 그 총판 유통망에 기생하며 IMF 이후 더욱 범람한 도서대여점의 폐해, 그리고 초고속 인터넷망의 보급과 함께 나타난 무료 만화 마케팅과 거기서 유출된 데이터들로 시작된 불법 스캔 만화의 폐해 등등이 한데 어우러져 그야말로 난장판이었다. 《천국의 신화》로 이

93

현세 작가가 수년에 걸친 법적 다툼을 벌여 가까스로 이긴 것도 이 시기고, 포털 다음에 강풀의 〈순정만화〉가 연재를 시작함으로써 웹툰의 상업 연재가 시작된 것도 이 시기다. 다시 말해 아직은 만화＝출판만화였던 시기다. 만화의 존립 자체가 위태롭다는 위기의식이 팽배해지자 정부는 2003년 만화 발전 5개년 계획을 발표하며 진흥책을 펼치기 시작했다.

OSMU는 이런 만화계에 '원작산업'이라는 명칭으로 자존감을 부여할 이슈이자 성과를 끌어낼 동력으로 인식됐다. 국산 애니메이션은 유아용을 제외하면 생존이 어려워졌기 때문에 논외로 치더라도 드라마화, 영화화, 뮤지컬화와 같은 타 매체 전이가 마치 '성공'의 전제 조건인 듯한 인식이 알게 모르게 퍼지기 시작했다. 당연히 만화는 2003년 이전에도 자주 영화나 드라마로 제작됐지만, 이제는 산업으로서 성과를 내야 하는 입장에 서게 됐다. 또한 성과에 관한 기대를 받아야 하는 입장에도 서게 됐다. 이 시기 이후 각종 만

박소희 작가의 동명 만화를 원작으로 하는 드라마 〈궁〉
ⓒ 박소희 / 에이트픽스

94

강풀 작가의 동명 웹툰을 원작으로 하는 영
화 〈아파트〉
ⓒ 강풀 / 토일렛픽쳐스

화 창작 관련 지원 사업에 OSMU 항목이 포함되는 경우가 생겼다
는 사실은 많은 점을 시사한다.

만화가 OSMU로 나름의 성과를 내기 시작한 시기는 2006년으
로 볼 수 있다. 이 시기는 2003년 당시 막 시작된 웹툰판에 포털 네
이버가 들어오며 확장기로 접어들기 직전이었던 시기고, 출판만화
시장이 가까스로 숨을 몰아쉬고 있던 시기기도 하다. 〈궁〉을 필두
로 포문을 연 영상화 계약은 이후 〈타짜〉〈다세포소녀〉〈아파트〉 등
출판만화와 웹툰을 가리지 않고 진행됐으며, 〈바람의 나라〉의 뮤지
컬화, 〈순정만화〉의 연극화 등도 이어졌다. 〈궁〉과 〈타짜〉가 나름
대로 호평을 받으며 성공 사례로 기록되면서 이후 만화의 OSMU
사례가 늘어나는 지표가 되어 주었다.

이때까지만 해도 만화계는 OSMU를 통해 원고료와 인세에 부가 수익을 좀 더 많이 낼 수 있기를 기대하는 한편, OSMU를 통해 위상을 높일 수 있기를 기대했다. 이후 2008~2009년 무렵엔 〈쩐의 전쟁〉과 〈식객〉 등 공중파 TV 드라마로 제작된 작품이 케이블방송국 드라마로 또 제작되거나 영화로 나온 후 다시 공중파 TV 드라마로 제작되는 식으로 콘텐트의 전이와 재전이가 반복됐다. 부천만화정보센터(현 한국만화영상진흥원)이 2009년 낸 《한국만화연감》은 이 시기를 다음과 같이 서술하고 있기도 하다.

다양한 장르로 넘나들면서 만화가 보여주는 상상력을 확대 재생산함으로써 만화에 대한 기존의 편협한 대중적 인식을 개선하는 큰 몫을 한다는 점을 들 수 있다. 영상분야에서 보여주는 대중적인 파급력은 만화의 가치를 그저 한 번 보고 즐기고 마는 1차원적인 오락거리라는 인식에서 벗어나 콘텐츠산업의 핵심으로서 새로운 부가가치를 생산할 수 있는 특별한 매력에 대해 자연스럽게 설득시켜준다.　　　　　　　　《2009 한국만화연감》, (재)부천만화정보센터, 91쪽

하지만 기대와 달리 원 소스가 시장에서의 반응을 얻어내기 쉽지 않아서 멀티 유즈를 통해 수익을 보전할 수 있길 바라는 의도가 갈수록 역력해졌고, 갈수록 부가수익에 매달리는 구도가 생기고 있었다. 만화는 만화 그 자체로 의미가 있다기보다도 '원작산업'으로 자리매김함으로써 외부에 인정받으려는 인식이 어느 사이에 자리

잡고 있었다. 매체로서의 자존감과 시장적 성과가 다른 매체에 달리게 된 상황이다.

 ## 주와 부가 뒤바뀐 만화의 OSMU

그나마 네이버 웹툰이 자리 잡은 2006년 이후 만화계는 더 이상 출판만화를 중심에 놓을 수 없게 됐다. 모든 창작 환경은 웹툰을 중심으로 재편됐고, 새로운 작가군이 대거 등장하고 주 독자층도 급격하게 바뀌었다. 여기서 문제는 웹툰의 성격이었다. 웹툰은 독자들이 작품에 돈을 내지 않는 구조고, 작가는 게재료만 받는 형태가 정착됐다. 자연히 웹툰에서 부가수익은 부차적 요소가 아니라 생존을 위해 무엇보다 중요한 요소가 됐다.

현재는 업체 간 경쟁구도가 자리 잡으며 다소 나아진 상황이지만 당시 웹툰은 어디까지나 새로운 매체로서 낮은 비용으로도 연재가 가능한 신인들로 물량공세를 펼치는 구도였다. 시간이 지나며 작가들이 좀 더 높은 품질을 기하기 위해 많은 비용이 필요하게 됐고, 영상화를 통해 이름값을 높이고 고료 이외의 비용을 챙길 수 있다는 판단이 서자 영상화를 염두에 둔 소재와 연출을 꾀하는 작품이 늘기 시작한다. 그리고 영상물을 제작하려는 업체들은 만화를 그리 큰돈 들이지 않고 소재를 쉽게 캐낼 수 있는 창구로 인식하기 시작한다. 이 시기 이후 왜 만화 원작 드라마나 영화가 유난히 늘었는가를 묻는다면, 답은 간단하다. 싸서다.

_ _

(전략)

'미스터 고'의 사례에서 볼 수 있듯이 만화의 영화화는 결과적으로 영화 제작 기술의 발달과 맥락을 같이 한다. 작가의 무궁무진한 상상력이 담긴 원작의 컷을 실사로 구현할만한 기술만 확보할 수 있다면, 만화는 영화화하기에 더없이 좋은 재료다. 이미 검증된 스토리에다 그림 작업까지 이뤄진 상태니 촬영을 위해 애써 콘티작업을 하는 수고까지 절반으로 줄일 수 있다. 팬층이 넓게 형성된 작품이라면 흥행에도 큰 도움이 된다. 과거에는 주로 드라마 타이즈 위주의 만화가 영화화되는 예가 많았지만 CG 등 영화제작 기술의 발달과 함께 SF 등 다양한 장르의 만화가 영상으로 다시 만들어지고 있다. 할리우드에서 '아이언맨'과 '엑스맨'뿐 아니라 '슈퍼맨'에 '어벤져스' 등 만화를 기반으로 한 슈퍼히어로 영화를 끊임없이 내놓을 수 있는 것 역시 기술이 뒷받침됐기 때문에 가능한 일이다.

또한, 영화제작자의 입장에서 만화의 영화화는 시나리오 개발 투자비용을 줄이며 리스크를 최소화할 수 있는 좋은 아이템이기도 하다. 수백만 원에서 수천만 원에 달하는 돈을 투자하면서 시나리오를 개발하다 원했던 만큼의 성과를 얻지 못하는 경우가 많은 게 현실. 그렇다면 재미와 인기를 검증받은 만화의 판권을 사들이는데 돈을 쓰는 게 낫다. 영화 관계자들에 따르면, 평균적으로 국내 만화의 판권을 사들이는데 들어가는 비용은 3000만 원선에서 1억 원

사이. 상업영화 한 편을 만드는데 들어가는 평균 제작비가 30억 원 이상이라는 점을 감안한다면 만화의 판권 구입비용이 총 제작비에서 큰 비중을 차지하는 편은 아니다.

(후략)

〈'미스터고'-'은밀하게 위대하게' 만화원작 영화 쏟아지는 이유?〉,

《일간스포츠》, 2013. 7. 23.

〈미스터 고〉의 경우 〈은밀하게 위대하게〉와 달리 출판만화의 고전이었지만 결국 인식 면에서는 매일반이다. 만화계에서는 영상화하는 경우 마치 대단한 일을 해낸 듯 받아들이는 게 다반사였지만

허영만 작가의 출판만화 《제7구단》을 원작으로 한 영화 〈미스터 고〉
ⓒ 허영만 / 덱스터스튜디오

Hun 작가의 동명 웹툰을 원작으로 하
는 영화 〈은밀하게 위대하게〉
© Hun / MCMC

영상물의 제작비용에 비해선 여전히 너무나 싼 비용을 받을 뿐이
며, 그나마도 위험요소를 줄이기 위해 어느 순간엔가는 안전하게
앞서 영상화했던 일본 만화의 영상판 권리를 구입해다 리메이크를
하는 사례도 보이기 시작했다. 웹툰 원작 영화가 득세한다느니 하
는 이야기가 그다지 설득력이 없었던 이유기도 하다.

　OSMU에서 원 소스로서의 만화가 웹툰이든 출판만화로서든 자
기 스스로 제대로 서지 못한 상태에서 부가수익에 목을 매고 있는
상황이다 보니 계약에 감지덕지해야 하는 상황이 반복된다. 우습게
도 타 매체—압도적인 비율로 드라마나 영화—제작 측은 소재로
서 만화를 선택한 후에 그것이 만화 원작임을 밝히기를 꺼려하거나

윤태호 작가의 동명 웹툰을 원작으로 한 영화 〈이끼〉
ⓒ 윤태호 / 시네마서비스

이종규·이윤균 사제 콤비의 동명 웹툰을 원작으로 한
영화 〈전설의 주먹〉
ⓒ 이종규·이윤균 / 시네마서비스

박흥용 작가의 동명 출판만화를 원작으로 한 영화 〈구
르믈 버서난 달처럼〉
ⓒ 박흥용 / 아침, 타이거픽처스

만화가의 의도를 따르려 들지 않는 경우가 허다했다. 〈이끼〉〈전설의 주먹〉〈구르믈 버서난 달처럼〉 등에 이어 최근의 TV 드라마 〈치즈 인 더 트랩〉에 이르기까지 만화를 가져가 만든 영상물들의 만듦새와 이야기 전개 등에서 논란을 겪는 이유 가운데 가장 큰 부분은 만화를 동등한 매체로 존중하고 있지 않은 해당 업계인들의 오만이다. 그리고 그와 더불어 그만한 무시를 당해도 된다 여겨질 만큼 실제로는 허약해 빠진 만화계의 모습도 함께 지적되어야 한다. 물론 작품에는 죄가 없다.

근래 OSMU 사례 가운데 모범적인 결과물로 평가받는 〈미생〉은 '원작자'가 아닌 '저작자'로서 목소리를 낸 작가와 이를 존중하며

윤태호 작가의 동명 웹툰을 원작으로
한 드라마 〈미생〉
© 윤태호 / tvN

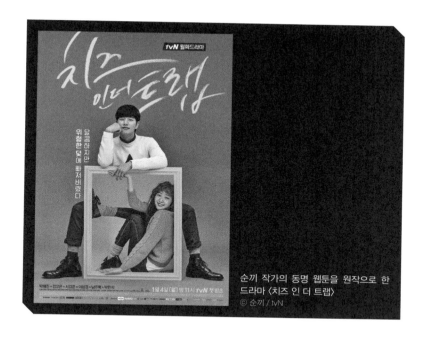

순끼 작가의 동명 웹툰을 원작으로 한
드라마 〈치즈 인 더 트랩〉
© 순끼 / tvN

자기 나름의 만듦새를 보여준 영상 제작 측, 그리고 작품의 시작 시
점부터 관여하며 책을 100만 부까지 팔겠다는 목표를 세우고 체계
적으로 드라이브를 건 출판사의 동반상승효과가 인상 깊다. 드라마
가 끝난 이후에도 편의점용 상품이 만화 캐릭터를 활용해 계속해서
나오고 있으며 만화는 시즌2 연재를 시작해 지금에 이르고 있다. 이
처럼 좋은 선례를 놔두고도 〈밤을 걷는 선비〉나 〈치즈 인 더 트랩〉
같은 결과물을 만들고 마는 건, 한쪽이 너무 쉽게 생각하고 있기 때
문이고 한쪽이 너무나 쉬워 보인 결과물이라고 할 수밖에 없다.

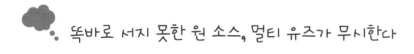

조주희·한승희 콤비의 출판만화를 원작으
로 한 드라마 〈밤을 걷는 선비〉
© 조주희·한승희 / MBC

똑바로 서지 못한 원 소스, 멀티 유즈가 무시한다

2010년대 중반을 거치며 만화계는 천지개벽을 겪었다. 현재는 연
재 비용도 높아지고 포털은 물론 포털 아닌 곳을 통해서도 독자들
에게 직접 선택을 받는 방식이 보편화하고 있는 상황이다. 부분 유
료화 또는 선행 유료화와 같은 제도를 통해 나름의 수익을 올리는
작가들의 소식도 들려오고 있다. OSMU는 분명 '원 소스'를 활용
한 '멀티 유즈'로서 다양한 부가 콘텐츠 상품이 연쇄로 나오면서 기
세를 타게끔 하는 게 정석이겠지만, 결국 돌고 돌아 원론적인 이야
기를 던질 수밖에 없다. 원 소스 쪽이 똑바로 서지 않은 경우 멀티

네이버에서 웹툰 10주년을 맞아 2014년 6월 23일자로 발표한 자사 웹툰의 OSMU 현황

유즈는 원 소스를 존중하지 않는다. 원 소스의 잘못이 아닐지라도, 결과적으로는 그러하다. 지금까지의 교훈이 그러하다.

원작산업화라는 꿈과 허상을 좇기보다, 이제 다시 원 소스로서 제대로 설 것을 생각하는 게 우선이다. 한데 최근엔 OSMU 대신 해외 수출이라는 헛바람이 고개를 드는 것 같아 걱정이 가시질 않는다. 정신 바짝 차려야 한다.

〈포켓몬GO〉 열풍은 증강현실이 아닌 콘텐츠의 힘

2016년 여름 강원도 속초는 유난히 뜨거웠다. 지도 데이터 이용에 따른 입장 차이로 말미암아 한국에서는 플레이가 어려웠던 닌텐도의 게임 〈포켓몬GO〉가 유일하게 속초에서는 된다는 소문이 들리자 숱한 사람들이 그길로 포켓몬을 잡는다며 속초행 버스에 올라탔다. 한동안 이들의 간증샷(?)이 SNS를 수놓는 가운데 속초 북쪽에 자리한 고성 등지에서도 된다는 추가 정보가 올라오기도 했다. 물 들어온 김에 노 젓는다고 속초시는 재빠르게 시 차원에서 포켓몬을 잡으러 오라는 관광 안내(?)를 하고 현수막 등을 동원하기 시작했다. 이후 브랜드 사용에 따른 권리 문제로 〈포켓몬GO〉란 이름을 표기 못하게 하자 〈주머니 괴물 GO〉로 바꾼 현수막을 내걸며 한철 장사에 열을 올리는 진풍경이 벌어지기도 했다.

〈포켓몬GO〉는 GPS와 자이로스코프 센서, 카메라를 이용한 증강현실(AR)을 채용했다는 점에서 화제를 모았다. 한데 〈포켓몬GO〉가 큰 화제를 모으자 느닷없이 사방에서 "우리는 왜 이런 게 없는가"라는 자성에서부터 "우리도 〈뽀로로GO〉 〈둘리GO〉를 만들자"라는 외침이 들려오기 시작했다. 가장 큰 문제는 증강현실을

속초보다 약간 북쪽에 자리한 고성의 숙소에서 〈포켓몬 GO〉를 실행한 장면

2016년 여름 속초 시내는 포켓몬 마케팅이 한창이었다.

속초 인근의 인제에서도 노 젓기에 한창이었다.

107

채용한 게임을 만들면 우리나라에서도 당장 〈포켓몬GO〉만 한 반향을 불러일으킬 수 있다는 양 떠들어대는 언론이었다.

한데 간과해선 안 되는 게 있다. 〈포켓몬GO〉에 쓰인 증강현실 기술은 그 자체로는 상당히 기초적인 수준이라는 사실이다. 〈포켓몬GO〉의 특징은 GPS를 이용한 위치/지리 정보를 기반으로 지도를 펼쳐놓고 플레이어가 직접 이동함으로써 현실 속 특정 장소에 가야 포켓몬이 화면 속에 나타나게끔 했다. 특정 문양이나 코드를 인식해 그에 따라 캐릭터를 구현하는 게 아니고, 포획을 위해서는 제법 먼 거리를 직접 걸어가야 한다. 자동차를 타고 움직이면 지나치게 빠르다는 경고까지 뜬다. 결국 기술적인 성취가 이 게임의 성패를 결정지었다고 하기는 어렵다. 그렇다면 무엇이 〈포켓몬GO〉 열풍을 전 세계로 퍼트렸을까? 한국에서야 희소성이 작동했다지만, 세계 각지에서 〈포켓몬GO〉 열풍이 일어난 것은 무엇으로 설명해야 할까? 요는 기술이 아니라 콘텐츠, 그리고 콘텐츠가 쌓아온 시간, 빚어온 역사다.

〈포켓몬GO〉는 그에 앞서 게임과 애니메이션, 만화 등으로 오랜 시간을 거치며 친숙한 이미지를 쌓아온 〈포켓몬스터〉를 기반으로 한다. 〈포켓몬스터〉는 시간만큼이나 다양한 세대가 거쳐 간 콘텐츠다. 다시 말해 어린 시절에 〈포켓몬스터〉를 접하며 자란 젊은 세대들에게 〈포켓몬GO〉는 너무나 당연히 한번쯤 건드려 보고픈 게임이 된다. 게다가 이 작품의 최대 강점은 지속적으로 노출이 됐다는 점이다. 때가 되면 신작이 나왔던 작품이며, 현재 진행형이기도 하다. 〈포켓몬스터〉가 스마트폰 게임이 되어 나왔는데, 직접 발로 뛰면서 플레이해야 한다고 하니까 사람들이 움직인 것이지, 증강현실이 신기해서 움직인 게 아니다. 원래 콘텐츠의 힘이 받쳐주고 경험성을 담보할 수 있을 때 비로소 프랜차이즈 전략이 가능해지는 것이지, 그냥 꾸미려 한다 해서 가능한 게 아니다.

여담으로, MBC의 간판 예능 〈무한도전〉이 〈포켓몬GO〉의 방식을 패러디해 〈무도리GO〉라는 이름으로 추격전을 벌인 사례 또한 콘텐츠가 쌓은 시간과 역사가 있었기에 가능한 사례로 해석할 만하다. 〈무한도전〉은 TV 예능이라는 노출도와 무도리라는 캐릭터, 주연을 맡은 연예인들의 캐릭터, 그리고 다양한 대형 특집의 브랜드가 10년이란 세월에 걸쳐 켜켜이 쌓여 있는 대형 예능 프로그램이다. 이를 고루 건드리며 캐릭터를 사냥한다는 콘셉트는 여타 예능에서 쉬 따라할 수 있을 만한 기획이 아니었다.

트랜스미디어 스토리텔링trnasmedia storytelliong

서로 다른 장르마다 각각의 이야기와 인물이 붙고 서로 영향을 끼치며 맞물림으로써 한 타이틀로 묶인 거대한 콘텐트 월드를 구축하게끔 하는 전략. 미디어학자 헨리 젠킨스Henry Jenjins가 영화 〈매트릭스〉 시리즈의 이야기 구조를 설명하기 위해 창안한 개념으로, 골자는 다양한 미디어 플랫폼을 통해 이야기를 분배하는 것이다.

헨리 젠킨스는 트랜스미디어 스토리텔링의 요건으로 다음과 같은 네 가지 조건을 내걸고 있다.

1. 다양한 미디어플랫폼을 통해 공개돼야 한다.
2. 각각의 새로운 텍스트가 전체 스토리에 분명하고 가치 있게 기여해야 한다.
3. 각각의 미디어는 자기 충족적이어야 한다.
4. 각각의 미디어는 전체 이야기의 입구가 되어야 한다.

OSMU와 종종 혼동되기도 하지만, 트랜스미디어는 미디어 간 융합과 결합을 꾀하는 전략이어서 원작을 성공시키고 이 성공을 기반으로 다른 장르로 전이시키려는 전략을 뜻하는 OSMU와는 다소 차이가 있다. 2014년 12월 7일 KT 경제연구소가 발표한 〈드라마 미생을 통해 본 콘텐츠 생태계와 비즈니스 기회〉라는 보고서에 OSMU와 트랜스미디어의 차이가 잘 드러난다.

결국 OSMU는 매체 전이 전략이다. 그대로 옮기거나, 아예 이름만 딴 다른 이야기를 만들거나, 약간의 연결점이 있는 정도다. 하지만 트랜스미디어 전략은 매체별 스토리텔링이 조직화하며 유기적으로 연결돼야 성립한다. 트랜스미디어는 한 면으로만 보자면

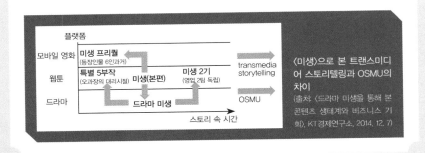

〈미생〉으로 본 트랜스미디어 스토리텔링과 OSMU의 차이
(출처: 〈드라마 미생을 통해 본 콘텐츠 생태계와 비즈니스 기회〉, KT경제연구소, 2014. 12. 7)

OSMU처럼 보이기도 하지만, 원 소스만이 아니라 멀티 유즈되는 매체를 큰 밑그림 위에서 늘어놓는 별도의 스토리텔링을 염두에 두고 기획과 실행을 붙여내야 비로소 트랜스미디어라는 표현을 붙일 수 있다. 이를 가능케 하는 게 트랜스미디어 스토리텔링이다. 마블의 다양한 캐릭터가 한데 어우러지는 〈어벤저스〉가 또 다음 마블 작품과의 연결고리가 되며 세계를 확장해나가는 것이 트랜스미디어 스토리텔링의 대표적 사례다. 마블은 이를 가리켜 '마블 시네마틱 유니버스'Marvel Cinematic Universe라고 부른다. DC도 〈배트맨〉 시리즈를 통해 각 시리즈가 배트맨 월드의 입구 역할을 하게끔 설정한 데 이어 최근 〈수어사이드 스쿼드〉와 같은 올스타 캐릭터 쇼를 선보이려 했으나 흥행 실패로 마블에 계속해서 밀리는 인상이다.

한편 지난 2014년 12월 15일 국회의원회관 제3세미나실에서는

마블 시네마틱 유니버스를 지탱하는 출시 라인업

토론회에서 발제 중인 윤태호 작가

〈웹툰, 변화와 성장을 위한 미래전략〉이란 제목으로 토론회가 열렸다. 이때 윤태호 작가가 〈미생을 통해 본 웹툰의 트랜스 미디어 사례〉라는 발제를 진행했다.

　드라마판이 대 흥행을 기록한 〈미생〉은 물론 윤태호 작가 스스로가 겪은 매체 변환 과정의 에피소드를 쭉 훑어 올라가는 자리였는데 주요 내용을 정리하면 다음과 같다.

● 〈이끼〉는 영화화했지만 책이 많이 나가진 못함. 강우석 감독이 맡기로 하면서 목소리를 낼 수 있기보다 "아, 감사합니다"라는 상황이 됐다. 헤드를 맡는 이가 없어서 원작자와 연출사 사이에 공정함이 떨어지고 완결이 되지 않은 상황에서 영상화가 진행되다 보니 영화사에 출근하다시피 하여 각 신에 관해 논의해야 하는 등 아쉬움이 있었다.

- 〈SETI〉는 캐논 카메라에서 풀HD 영상 기능을 광고하는 만화를 만들고 싶다고 의뢰가 들어와 시작했는데 내가 노골적 광고 만화로는 곤란하다고 말해 만화가 다 나오고 그에 해당하는 하이라이트 장면을 SS501 멤버 등이 나온 실사 영상으로 찍었다. 새로운 시도라고 화제와 호평을 받았지만 예산이 어마어마하게 들었고 그에 비례해 작가가 져야 할 책임감이 매우 커졌다. 만화라는 건 망해도 작가 혼자 망하는 것일 때 빛나는 아이디어가 나오는 것 같다. 극이 확정되지 않은 상황에서 많은 이야기가 오갈 때 헤드를 쥐는 이가 작가여야 하는데 그러질 못해 만족감이 떨어졌다.

- 〈내부자들〉은 숨어서 하고 싶었던 만화라 《한겨레》 신문 홈페이지에서도 구석에 숨어 있었다. 눈에 안 띄는 곳을 찾아갔는데 굳이 찾아가서 본 이들이 영화화를 제안해왔다. 이병헌 씨가 주연을 맡는데 제작사에서 원작과 꽤 다른 스토리를 준비해와서 촬영이 끝났다. 내가 시나리오를 다 읽지 않았다.

- 〈미생〉은 출판사가 제안한 아이디어로 시작한 작품이다. 허영만 선생의 〈꼴〉같이 정보 집약적이면서 〈타짜〉처럼 재밌는 만화를 제안하여 작가 입장에서는 이게 대체 무슨 만화인 건가 싶었다. 그런 우여곡절 끝에 지금의 〈미생〉을 만들게 됐다. 마침 다음 사이트가 앱을 새로 만들면서 그것을 홍보해야 하는데, 네이버가

그 전에 앱을 만들면서 만화가 다섯이 나와서 했다고 했다. 다음은 이를 한 작품에 몰아보자 하여 〈미생〉 인물들의 과거 이야기를 담은 프리퀄 편을 만들었다.

● 〈미생〉은 프리퀄 뒤 한참 후 드라마 계약을 하게 됐는데, 대표로 있는 누룩미디어에서 미생 협력자 모임을 한 달에 한 번 하면서 〈미생〉과 관련해 출판, 식품, 앱 제작 등 각 분야에서 겹치는 게 없게끔 교통정리를 했다. 유료화의 경우 가격을 얼마로 할 것인가가 고민거리였는데 MP3처럼 다운로드하는 게 아니라 스트리밍 방식 즉 대여 개념이어서 가격을 높게 매길 수 없었다. 출판사의 경우 단행본을 묶어서 한꺼번에 내야 한다 하여 1~2권 나올 때까지 기다리고 있었는데, "이 책은 100만 부까지 밀고 나간다, 이 작품을 돈 내고 웹에서 보기보다는 책으로 보는 게 이득인 느낌이 들게끔 유료화 가격이 결정됐으면 좋겠다"라는 주문이 있었다. 포털에서는 가격을 내려 좀 더 많은 사람이 유료결제하게 하는 게 목표였으니, 원하는 게 서로 달랐다. 가격은 서로 500원씩 빼는 식으로 절충해 어느 쪽을 사더라도 갈등하게 했는데, 유료결제의 경우 금액은 말할 수 없으나 드라마로 방영되며 하루 만에 한 달치가 결제된 적이 있을 정도다. 그날만 그랬는지는 모르겠으나 웹에서도 유의미한 결과가 나오고 있다.

● 〈파인〉의 경우 계약서를 갖고 검토해서 최종적으로 완성됐고 크

114

게 문제없이 끝난 것 같다. 누룩미디어라는 에이전시와 일을 진행하며 좋았던 건, 시장에 관해 신뢰할 수 있었다는 점이다. 계약서가 이를 증명한다. 공정한 계약서로 계속 성공을 지속적으로 만들어야 하고 크고 작은 사례들이 공유돼야 한다고 생각한다. 작가가 시장을 신뢰할 때 업체와 좋은 계약을 해나갈 수 있지 않을까 한다.

기록과 통계

한국 만화가 진정 튼튼해지기 위해 필요한 것

시간이 날 때면 종종《조선왕조실록》을 읽는다. 직업상 과거의 이 야기와 지금을 엮어 설명하는 사례가 많기 때문이기도 하지만, 다른 한편으로는 현재 우리 앞에 벌어지고 있는 일들에 관해 어떤 판단을 내려야 할까라든지 이 문제 인물은 어떤 유형일까를 읽어내는 데 상당한 힌트가 되기 때문이다.

만화계에서 칼럼니스트이자 저널리스트의 위치에 서 있으려는 내게《조선왕조실록》은 여러 가지 영감과 좌절감을 동시에 건넨다. 옛사람들은 500년 역사를 판단할 수 있게끔 이만큼 거대한 기록을 남겼는데, 정작 내가 서 있는 업계는 20~30년은 고사하고 불과 10여 년 전의 흔적조차 찾기가 어렵다. 심지어 1차 창구가 디지털 데이터인 웹툰의 경우 폐업한 업체의 연재작 정보는 흔적조차 찾을 수 없게 되는 경우가 비일비재하다. 게다가 어느 시기에 어떤 작품이 있었는지 어느 정도의 반응을 얻었는지도 정확하게 파악하기가 어

'기록 덕질'에 매진한 조선의 위용을 유감 없이 보여주는 《조선 왕조실록》

117

려워 수소문에 의지해야 하는 경우가 허다하니, 도통 구글신이 아카식 레코드를 관장하는 듯한 대 검색 시대답지 않은 상황이다.

한국 만화에 '데이터'가 접목된 첫 사례를 떠올리며

한국에서 만화와 관련해 비로소 '데이터'에 기초해 이야기할 수 있는 토대가 닦인 건 1998년이었다. 당시 신촌에서 연세랑이라는 만화방을 운영하던 김일수가 개인적으로 받은 요청에 따라 매일 출간된 만화 목록을 만들어 제공하곤 했는데, 이를 웹에서 누구나 접속할 수 있는 서비스로 확장한 것이 《마니》(mani.co.kr)였다.

지금이야 만화책이 언제 몇 권이 나왔나를 인터넷 서점에 들어가면 쉬 알 수 있다지만, 그 이전까지는 후진적 총판 유통 속에서 주먹구구처럼 유통되던 터라 어떤 책의 몇 번째 권이 언제 나왔고 언제부터 언제까지 몇 권이 나왔나 등을 파악하기란 쉬운 일이 아니었다. 업계 관계자도 그러할진대 일반인은 말할 것도 없었던 상황. 《마니》는 당시 신촌에서 최대 규모를 자랑하던 만화방이 운영하던 사이트로서 국내 출간 만화 도서 목록을 일자별로 전수 조사에 가까운 완성도로 제작해 보여주었다.

이 시기 만화와 관련한 '데이터'를 얻을 수 있는 곳은 《마니》가 유일하다시피 했기 때문에 개인이 만든 서비스였음에도 사실상 만화계 공식 데이터베이스와도 같은 위상을 지니고 있었고, 초고속

인터넷 보급기에 일반 만화 독자들의 초기 커뮤니티 역할도 하게 됐
다. 이후 부천만화정보센터(현 한국만화영상진흥원)의 통계연감 등에
실리던 통계 자료도 《마니》의 데이터에 기초한 것이었고, 2002년
이후 독자들이 직접 뽑는 만화상인 '독자만화대상'도 한 해 나온 만
화의 목록을 《마니》의 도움으로 제공했다.

김일수는 2003년 낙후한 출판 만화 유통 전산화와 자동화를 꾀
한다는 목표로 국고 지원과 업계 출자를 받아 설립된 (주)만화정보
의 사장으로 영입됐다. 하지만 (주)만화정보는 만화 유통업계의 미
온적인 반응, 전산 시스템 도입 미비, 감사원의 문제제기, 자생을
위한 수익모델 미비 등이 겹치며 끝내 좌초했다. 김일수는 이후 만
화계를 떠나 요식업에 진출했고, 현재 《마니》의 데이터는 한국만화
영상진흥원의 신간 정보 DB로 이전돼 있는 상태다.

《마니》는 작품명, 작가명, 권수, 출간일, 작품 설명 등으로 이뤄
진 서지 정보가 전산화한 메타 데이터로서 한데 묶여 검색 가능한

부천만화정보센터의 초기 통계
연감의 통계 데이터는 《마니》에
서 제공받았다.

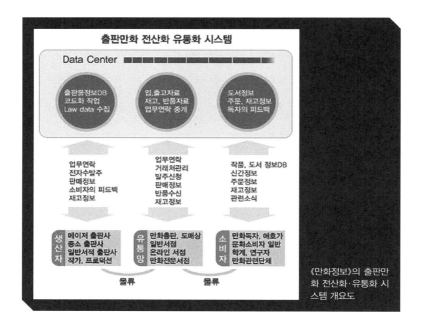

《만화정보》의 출판만화 전산화·유통화 시스템 개요도

형태로 나올 때 어떻게 쓰일 수 있는지를 보여준 한국 만화계의 첫 사례였다. 그 이전에도 일부 연구가, 소장가들이 자기 소장물을 개별적으로 목록화하는 사례는 있었으나 마니와 같이 '서비스화'한 사례는 없었다. 서지 정보야 인터넷 서점의 등장 이후 너무나 기본적인 항목이 됐고 출판 만화 유통망은 여전히 후진적인 상태로 머물러 있지만, 《마니》는 서지 정보를 넘어 어느 시기에 무엇이 나와 있는가를 마냥 흘려보내지 않고 묶어 분류해놓을 때 업계의 규모와 흐름을 이해하는 기초적인 자료가 된다는 경험을 남겼다는 점에서 기억해둘 만하다.

기록되지 않은 정보, 사라진 정보

비록 좌초하긴 했지만 (주)만화정보가 목표로 했던 유통 전산화와 자동화는 오프라인에 기반을 둔 출판만화가 시장으로서 갖춰야 할 가장 기초적인 자료를 만들어낼 유일한 방법이었다는 점에서 지금까지도 아쉬움을 진하게 남기고 있다. 영화계의 경우 상영관 독식 같은 문제가 있긴 하지만 2004년 이후 통합전산망KOBIS을 구축한 이래 영화와 관련한 공인된 목록과 객관적인 지표, 표준 수치를 뽑아내고 있다.

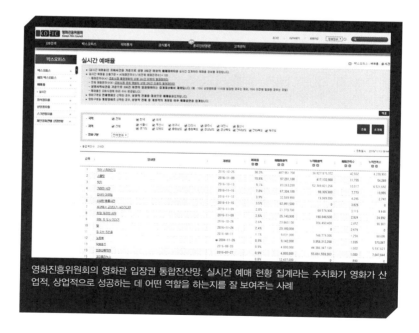

영화진흥위원회의 영화관 입장권 통합전산망. 실시간 예매 현황 집계라는 수치화가 영화가 산업적, 상업적으로 성공하는 데 어떤 역할을 하는지를 잘 보여주는 사례

이와 같은 수치들은 전체 규모, 각 항목별 반응도 등을 파악할 수 있다는 점에서 마케팅 면에서나 역사 면에서도 큰 가치를 지니고 있는 원천 정보라 할 수 있다. (주)만화정보의 좌초에는 여러 이유가 있겠으나 '국고 지원 이후 독자 생존 어려움'이 주요 이유로 대두된 대목에서는 아쉬움이 남는다. 영화 상영관 통합전산망의 등장이 영화계가 주먹구구에서 벗어나는 중요한 계기가 된 사실을 보자면 더욱이 그러하다.

출판에서 웹툰으로 한국 만화계의 판도가 완연하게 넘어온 2006년 이후에도 비슷한 상황이 이어졌다. 일부 포털 사이트들이 제작에서 유통까지 도맡는 형태로 운영된 웹툰들은 포털 업체 수만큼만 확인하면 전체 목록과 작가를 확인할 수 있다고 여겨졌다. 하지만 '이전까지의 출판 만화계와 달리 투명한 근거 수치로 고료를 산정함'을 내세우던 포털들도 정확한 반응도를 노출하는 일은 거의 없었다. 순위 정보의 기준은 업체 내부 자료에 지나지 않고, 바깥에서 확인할 수 있는 수치는 객관성을 담보하지 못하는 댓글과 독자 별점뿐이었다. 일부 인기작의 페이지뷰를 동원해 마케팅에 쓰기 시작한 것도 한참 뒤의 일이고 그나마도 그야말로 일부뿐이다.

게다가 당연한 이야기지만 포털 사이트도 일개 사업체일 뿐이어서 어디서 영구 운영권을 보장받은 것도 아니었다. 파란닷컴과 야후 코리아 등 한 시기를 풍미한 업체들이 2010년대 이후 운영을 속속 종료하면서 이들 업체에 실리고 있던 만화들이 목록을 비롯한 각종 메타 데이터와 함께 흔적도 없이 증발했다. 업계 관계자들은

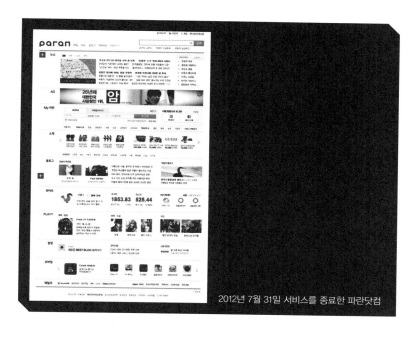

2012년 7월 31일 서비스를 종료한 파란닷컴

지금도 "해당 포털 관계자들한테 웹툰 데이터가 담긴 하드디스크가 있지 않을까, 그거 빼올 방법이 없을까?"라며 아쉬움을 토로하곤 한다.

　책은 그나마 헌책방 어디서라도 발굴될 여지나 있지만 전자 데이터는 기적적으로 관계자들이 복원하지 않는 이상 열람이 불가능할 뿐더러 보관돼 있다 해도 하드디스크 수명이라는 물리적 한계가 존재한다. 그리고 이와 같은 대참사는 비포털 웹툰 업체들이 대거 등장한 현 상황에도 정확하게 반복되고 있다. 이미 무너지는 업체가 하나둘 등장하고 있지만 그 업체들에 담겨 있던 웹툰들은 이미지 파일은커녕 존재 여부조차 기록에 남지 못한 채 사라진다. 이는 시장에서 대중에게 선택받지 못해 도태되는 것과는 전혀 다른 차원의 이야기다.

결국 한국 만화계는 인터넷 시대로 본격적으로 들어서고서도 대외에 내보일 시장 규모에 신뢰성을 줄 기회를 만들지 못했고, 그나마도 얼마나 많은 작품이 명멸하고 있는지를 파악할 기회조차 만들지 못한 셈이다. 앞서 언급한 바지만, 출판만화고 웹툰이고 한국 만화 자체가 '원작산업화'를 큰 화두로 내세운 것은 이러한 내부의 허약함을 고스란히 드러내는 꼴이다.

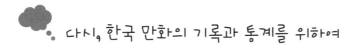

다시, 한국 만화의 기록과 통계를 위하여

지금 다시 한국 만화의 기록과 통계를 생각해야 하는 까닭은 2010년대 중반 현재 한국 만화계가 봉착한 상황 때문이다. 한국 만화계는 '웹툰 산업'이란 표현이 업계 안팎으로 고부가가치 산업의 첨병처럼 포장되고 있다.

한데 과연 한국의 만화계는 스스로 무엇을 얼마나 갖고 있는지, 스스로의 덩치가 어느 정도인지, '추정치'가 아닌 '실제 데이터'를 갖고 있는지, 설문을 통한 역산이나 단순 보정치가 아니라 실제 규모에 비추어 만들어낸 통계치를 대외에 내보일 수 있는지, 자기 안에 무엇이 있는지는 한눈에 파악할 수 있는지, 한국 만화계는 이 지점에서만큼은 2000년대 초반에서 더 나아가지 못했다. 그 사이에

판이 훨씬 더 복잡해졌음에도 여전히 제자리인 셈이다.

투명한 기록과 통계를 위해서는 ISBN에 준하는 웹툰 메타 정보 등록제, 실물(책)·디지털 데이터(웹툰) 납본제를 비롯해 법적인 강제력이 필요한 제도와 만화진흥법을 비롯한 근거 법령 정비, 만화 전문 기록보관 담당자(아키비스트)의 육성과 물리적 공간이 확보된 보관소, 댓글을 비롯한 매체별 특성을 반영한 키워드 산출 등 해결해야 할 일이 많다. 하지만 ㈜만화정보의 사례가 말해주듯, 수익 면으로만 바라본다면 이와 같은 시스템 구축은 '왜 해야 하는지 알 수 없는 뭔가'가 되고 만다. 결국 이와 같은 규모의 작업은 공적자금과 기관의 힘을 써야 하지만 다른 한편으로는 오로지 일부 진흥기관에 맡겨놓고 수수방관할 수만은 없다. 만화와 관련한 기록의 정리와 보관이 왜 필요하고 어떤 효과가 있는지에 관한 인식이 만화계 내부 구성원들 사이에서도 없는 상황에서는 수익 이외의 가치와 유지 이유를 설득할 방법이 없기 때문이다.

정부는 '웹툰을 첨단 콘텐츠 산업으로 육성'한다고 했지만, '콘텐츠를 육성'하기 위한 지원보다 더 중요한 건 콘텐츠의 기반에 신뢰성이 있어야 한다는 점이다. 기록과 통계를 관장하는 시스템의 구축이 무엇보다 중요한 이유다. 콘텐츠의 힘은 독자들의 선택에 맡기고 지원은 기반을 다지는 데 쓰일 수 있으면 좋겠다.

다시 문화, 그럼에도 문화융성, 그리고 만화에 필요한 건 역시나

"나는 우리나라가 세계에서 가장 아름다운 나라가 되기를 원한다. 가장 부강한 나라가 되기를 원하는 것은 아니다. 내가 남의 침략에 가슴이 아팠으니, 내 나라가 남을 침략하는 것을 원치 아니한다. 우리의 부력富力은 우리의 생활을 풍족히 할 만하고, 우리의 강력强力은 남의 침략을 막을 만하면 족하다. 오직 한없이 가지고 싶은 것은 높은 문화의 힘이다. 문화의 힘은 우리 자신을 행복되게 하고,

백범 김구

나아가서 남에게 행복을 주기 때문이다." 《백범일지》 중에서

- -

백범 김구 선생은 일찍이 "오직 한없이 가지고 싶은 것은 높은 문화의 힘"이라 말했다. 그래야만 "우리 자신을 행복되게 하고, 나아가서 남에게 행복을 주기 때문"이다. 김구 선생의 문화강국론은 우리나라가 궁극적으로 나아가야 할 방향을 제시했다고 볼 수 있다.

문화는 생활이 안정되고 외부의 위협에 휘둘리지 않을 수 있을 때 비로소 여유분의 부와 안정을 기반으로 영위할 수 있기에 본질적으로는 잉여로움과 맞닿아 있다. 문화 강국이란 곧 내치와 외치가 안정되고 곳간 도둑이 없는 나라인 것이다. 한데 이 책을 마무리하고 있는 2016년 11월에는 '문화'라는 표현을 입에 올리기가 민망한 상황이 국가 전반에 걸쳐 전개되는 중이다. 나라 곳간의 돈을 착복하기 위한 구실로 '창조'와 '창의'를 끌어들이고 문화 융성이란 기치를 내세운 일당의 실체가 낱낱이 드러나고 있기 때문이다. 이러니 당분간은 문화의 'ㅁ'조차 언급하기 어려운 분위기가 조성될 것이 분명하다.

얼마나 시간이 걸려야 덜 민망한 상황이 될지는 모르겠으되, 할 수 있는 말은 '그럼에도' 우리 사회가 궁극적으로 추구해야 할 방향에는 반드시 문화가 자리하고 있어야만 한다는 점이다. IMF 외환위기로 텅 빈 나라 곳간을 넘겨받았던 김대중 정부가 성장 동력으로 문화를 들었던 것 또한 이와 맥을 같이한다 하겠다. 물론 최근의 어느 일당이 똑같이 문화 융성을 언급했음에도 결과물에 차이가 있

었던 이유는 '우리'를 풍족하게 하기보다 제 배만 불리려 한 결과일 테지만 말이다.

이 대목에서 복기해볼 만한 김대중 정부의 문화 정책 기조는 그 유명한 "지원하되 간섭하지 않는다"와 "문화도 산업이다"다. 지원을 먼저 보자면, 무조건 문화에 지원을 많이 해줘야 하는 건 아니다. 지원금에 목매면서 자기 발로 서 있을 수 없는데 서류는 기막히게 잘 꾸미는 허약한 부류가 늘면서 '눈먼 돈' '받는 자만 받는다'는 논란이 제기되기 때문이다. 심지어는 오로지 지원금 유치를 최종 목적으로 집단을 구성하는 사례도 있는 마당이다.

한편으로 문화 산업이라는 수사는 '문화'와 '산업'이라는 참 안 어울리는 두 낱말을 얽어놓은 결과물이기 때문에 매우 섬세한 정책적 제어가 필수다. 문화콘텐츠라는 낱말도, 한국문화콘텐츠진흥원이라는 진흥기관도 바로 그 섬세한 정책적 제어를 위해 만든 전략적 결과물이다. 지금까지는 어떻게든 다양성도 챙기고 창작자도 양성했지만, 그 모든 방향성이 문화를 핀포인트로 진흥하기 위해 세운 기관의 존립 의미까지 통째로 뒤흔드는 사태 앞에서 완전히 무너져가고 있는 상황이다.

수습이 된 이후의 이야기겠으나, 이후의 문화 정책 기조는 어떻게 돼야 할까? 기록과 통계라는 이슈 뒤에 언급한 데서 눈치 챈 이들도 있겠지만, 나는 성과 지상주의로 빠지기 쉬운 콘텐츠 제작 지원을 일정 부분 지양하고 산업적 토대를 다지는 밑바탕을 만드는 데 힘을 쏟아야 한다고 본다. 당장의 성과가 아니라 쌓였을 때 비로소 효과를 발휘할, 하지만 당장 업계에서 직접 구축하기 어려운 것들을 사회간접자본이라는 차원에서 투자하는 것이다. 일례로 영화계의 통합전산망이 영화 시장의 폭발력에 일정 이상의 역할을 하고 있음을 눈여겨볼 필요가 있다. 문화를 콘텐츠라는 산업적 관점으로 간주하려 한다면, 돈이라는 비타민을 직접 투여하기보다 돈을 벌수 있는 체력과 근육을 키우는 방향으로 가야 한다. 그리고 우리 바닥, 즉 만화에는 그것이 기록과 통계를 가능케 하는 시스템 구축과 그 아카이브에서 쏟아져나온 수치를 활용한 각종 연구다.

문화가 콘텐츠로서 활용되려면 수치가 필요하다. 후진적 체계에서 벗어나지 못한 채 옷만 계속해서 갈아입고 있는 만화계는 특히나 그러하다. 투명성을 확보하고 불확실성을 제거하기 위해서, 오매불망 문화 정책 기조의 재정립이 가능하기만을 바랄 따름이다.

영화에 이어 공연도─공연예술통합전산망 구축

공연예술계 또한 투명성 확보를 위해 공연예술통합전산망의 구축을 바라온 곳이다. 이에 2012년부터 통합전산망 준비에 들어가 2014년 시험 운영에 들어갔고, 2015년 4월부터 국공립 공연단체와 공공 티켓 판매 대행사들을 중심으로 운영을 시작했다. 1년 반 만인 2016년 11월 10일에는 예술의전당에서 엔에이치엔NHN티켓링크, 예스24, (주)이베이코리아, (주)인터파크, 클립서비스주식회사, (주)하나투어 등 주요 티켓 예매 서비스 6개사가 예술경영지원센터, 문화체육관광부와 함께 '공연예술통합전산망 연계를 위한 업무

협약'을 체결했다.

영화와는 달리 들쭉날쭉한 가격대와 무료 초대권 등의 변수가 많은 공연 시장에서도 통합전산망을 위한 시스템 구축이 본격화함으로써 역시 투명성을 요하는 만화계의 시스템 구축에도 좋은 힌트가 되어줄 것으로 전망된다. 통합전산망 구축은 법적인 해결책이 필요하기에 정치권과의 공조가 필수고, 서로 다른 형태의 정보를 통합해야 하므로 업계 간의 조율도 긴밀하게 이뤄져야 하며 무엇보다 업계 자체가 필요로 해야 한다. 실제로 공연예술통합전산망의 경우, 공연계의 마케팅 비용 절감과 정확한 투자 예측을 목표로 하기에 업계의 이해관계가 맞아떨어지고 있다. 한데, 만화계는 구성원들이 과연 '그럴 필요를 느끼고 있을까?' 바라 마지않는 미래면서도 기존 사례에 비춰보자면 적잖게 암담하다.

백합 百合

소녀(여성) 간의 우정과 유대에 천착한 판타지 픽션

4장에서 야오이, BL에 관해 다루었다. 어느 작품에 등장하는 남성 캐릭터들의 관계성을 자의적으로 재조립하는 커플링 또는 그러한 장르를 야오이라 부르고, 현재는 출발점은 다소 다르지만 BL$_{Boys'}$ $_{Love}$이라는 낱말이 거의 동의어처럼 쓰이고 있다. × 기호를 사이에 두고 순서 배치에 따라 성적 위치와 역할을 부여하는 것이 대체로 공식화해 있으며, × 기호 앞에 배치되는 인물을 공세를 취하는 쪽이라 하여 '공'攻이라 하고 뒤에 적히는 인물을 공세를 받는 쪽인 '수'受라 한다. 이러한 관계성을 이용한 여성들의 섹슈얼리티 판타지가 야오이 그리고 BL이라 할 수 있다.

앞서 정리한 내용을 굳이 다시금 복기하는 까닭은, 용례 면에서 이와 거의 엇비슷한 구조를 띠면서도 커플링의 대상을 남성이 아닌 여성에 두는 장르가 이번 장의 주제이기 때문이다. 이름하여 '백합'

(조개 아니라 꽃)이라 불리는 장르가 바로 그것이다.

'백합'의 시작

'백합'百合, ゆり('유리'로 읽는다)은 야오이 또는 BL과 달리 소녀들 사이에 자리한 우정 이상의 감정을 섬세하게 묘사하는 장르, 코드라 할 수 있다. 이 낱말이 장르명으로 등장한 시초는 1971년 7월 30일 창간한 일본의 게이 잡지 《장미족》薔薇族('바라조쿠'ばらぞく로 읽는다)의 한 코너명이다.

《장미족》은 4장에서 "실제 성 소수자의 모습을 다루는 장르"라

게이 잡지 《장미족》. '장미'뿐 아니라 '백합' 장르의 어원이 됐다.
© 다이니쇼보第二書房

며 언급한 '장미'薔薇라는 낱말의 어원이 된 바로 그 잡지로, 초대 편집장인 이토 분가쿠伊藤文学가 남성 동성애자들을 위한 잡지 안에 여성 동성애자들을 위한 독자 투고 코너를 두고 '백합족의 방'百合族の部屋이라는 이름을 붙임으로써 여성의 동성애를 백합이라 부르는 시초가 됐다.

이토 분가쿠는 오타쿠 동영상 사이트인 싱글벙글 동화ニコニコ動画(니코니코 도가)의 뉴스 페이지인 싱글벙글 뉴스ニコニコニュース(니코니코 뉴스)와의 2011년 10월 30일자 인터뷰 기사에서 "레즈비언들을 백합족이라 한 건 내가 생각했습니다. 백합은 나르시시즘의 상징이니까요"라고 밝히기도 했는데, 나르시시즘(자기애)의 어원이 된 그리스 신화 속 미소년 '나르키소스'는 샘에 비친 자기 모습에 반한 나머지 샘만 쳐다보다 탈진해 죽었다는 일화로 유명하지만 정작 그 시신이 있던 자리에 난 꽃은 백합이 아니라 수선화다. 이러한 점에 비춰보자면 사실은 무언가 착각에 따른 작명이 아니었나 싶다. 물론 수선화가 백합과이기는 하지만 말이다.

착각이었든 아니든, 어쨌든 백합은 《장미족》의 코너명과 함께 여성 동성애를 뜻하는 표현으로 등장한다. 하지만 일본에서는 이보다 한참 전인 1900년대 초부터 소녀 소설과 여성가극단(다카라즈카宝塚) 등의 유행을 통해 정착해온 '에스'S, エス라는 기조가 있었다. 에스란 자매를 뜻하는 시스터Sister의 앞 글자에서 유래한 표현으로, 오사카 리에大坂理恵가 논문 〈'부녀자'의 사회사'腐女子'の社会史〉에서 이마다 에리카今田絵里香의 〈'소녀'의 사회사'少女'の社会史〉에 근거해 기술

133

한 바에 따르면 에스라는 기조는 "피가 이어지지 않은 여성끼리" "단순한 우정으로도 의사자매 관계라고도 말하기 어려운, 종종 정열적인 관계"를 뜻한다고 하며 에스 외에 상급생과 하급생의 애정 관계를 나타내는 은어로 '알파'와 '오메가'가 쓰이기도 했다고 한다.

이들에 따르면 에스는 소녀들 사이의 친밀하고도 강한 유대 관계를 담는 코드이며 예전엔 변태 성욕으로 취급되었던 여성 동성애와는 다른 방향성을 지니고 있다고 한다. 백합은 등장 이후 이러한 에스의 기조와 결부하며 점차 '레즈비언'의 동의어가 아니라 소녀 사이의 친밀감과 유대에 무게중심을 놓은 용어로 받아들여지게 된다. 야오이나 BL이 어디까지나 소년(남성) 간의 관계성에 천착한 섹슈얼리티 판타지 픽션으로서 '장미'나 '퀴어'와 구분되는 것과 마찬가지로 '백합' 또한 소녀(여성) 간의 우정과 유대에 천착한 판타지 픽션으로서 현실의 레즈비언과는 구분되는 것으로 이해하면 되

〈세라복 백합족セーラー服 百合族〉. 1983년에 나온 일본의 로망 포르노물로 '백합=레즈비언'의 이미지를 대중 사이에 알린 작품. 하지만 백합은 이후 레즈비언보다는 조금 가벼운 느낌을 주는 표현으로 받아들여지면서 점차 본격적인 동성애를 다룬 작품과는 다소 다른 위치에 서게 된다.

겠는데, '장미'가 남성 동성애를 나타내는 데 비해 '백합'이 다소 플라토닉한 어감을 담게 된 점은 꽤 흥미롭다.

'백합물'의 정립과 분화

앞의 내용을 조금 더 풀어서 정리하자면, 백합이란 사춘기 소녀들 사이에 자리하는 동성을 향한 동경심과 두근거리는 애정을 우정 이상 섹스 이하 어디쯤으로 섬세하게 묘사하는 장르라 할 수 있다.

이러한 정의에 부합하는 '백합'을 한 장르로서 정립한 작품이 무엇일까 할 때 인용할 만한 텍스트는 슈에이샤《슈프레뉴스週プレニュース》 2011년 11월 5일자에 실린 나카무라 나리타로中村成太郎와의 인터뷰 기사 〈사이좋은 여성 사이를 보고 멋대로 망상하는 '백합남자'가 늘고 있다?仲のいい女性同士を見て勝手に妄想する'百合男子'が増えている?〉다. 나카무라 나리타로는 백합 전문지를 표방하는《코믹 백합공주コミック百合姫》의 편집장으로, 기사 제목에 등장한 표현을 아예 제목으로 달고 있는 만화 〈백합남자百合男子〉의 담당기자로서 해당 작품 말미에 대담자로 등장하기도 한다.《슈프레뉴스》와의 인터뷰 가운데 주목할 내용은 다음과 같다.

"일반적으로, 육체관계를 수반하는 레즈비언이 아니라 여고생끼리가 일시적으로 품는 듯한, 우정보다 한 발짝 더 나아가 연애에 가

까운 정신적 관계가 '백합'이라 불립니다. 1998년부터 계속돼온 연재소설 〈마리아님이 보고 계셔マリア様がみてる〉(슈에이샤)가 원조군요. 〈마리아님이 보고 계셔〉는 폐쇄적인 여고를 무대로 산백합회라고 불리는 학생회 일원들의 유대를 그린 작품입니다."

물론 〈마리아님이 보고계셔〉에 앞서 백합의 기틀을 세웠다고 여겨지는 작품들이 있다. 대표적인 작품과 캐릭터를 들자면 〈미소녀 전사 세일러문美少女戦士 セーラームーン〉의 우라누스-넵튠 커플, 그리고 〈소녀혁명 우테나少女革命ウテナ〉의 우테나-안시 커플을 들 수 있겠다. 이들은 이전과 달리 수동적이지 않고 멋진 유대감과 에로틱하지 않으면서도 묘하게 끈끈한 관계를 내비치며 강렬한 인상을 남겼다.

〈마리아님이 보고 계셔〉 소설판 표지
© 콘노 오유키今野緒雪·히비키 레이네ひびき玲音 / 슈에이샤集英社

〈미소녀 전사 세일러 문〉의 우라누스–넵튠 커플. 끈끈한 유대의 정석을 보여주었다.
© 타케우치 나오코武内直子 / 고단샤講談社·토에이애니메이션東映アニメーション

최근 페미니즘 이슈의 부각과 함께 다시금 회자되고 있는, 당시로서는 괴작 반열에 올랐던 연구대상작 〈소녀혁명 우테나〉의 우테나–안시 커플
© 비파파스비-파파스·사이토 치호さいとうちほ / 쇼가쿠칸小学館·소혁위원회少革委員会·테레비도쿄テレビ東京

137

이보다 앞서서는 〈디어 브라더〉 같은 작품을 들 수도 있다.

하지만 〈마리아님이 보고계셔〉가 백합물의 원조 격으로 일컬어지는 까닭은 귀족적이고 폐쇄적이며 금욕적이기까지 한 가톨릭계 미션스쿨이라는 무대와 여학생들끼리 의자매의 연을 맺는 쇠르soeur(프랑스어로 자매라는 뜻) 제도라는 설정이 만들어내는 숱한 여×여 커플이 '백합' 장르가 보여줄 수 있는 커플링의 총집편이자 전범을 보여주기 때문일 것이다. 게다가 이 학교를 이끌어가는 학생회의 이름이 다름 아닌 '산백합회'라는 점도 한몫한다 하겠다.

용어가 정립기를 거치면 으레 분화하고 확장하듯, 소녀 간의 우정과 유대 묘사를 넘어 여성 간 스킨십 묘사를 가볍게 담고 있는 장르는 물론 섹스신을 담은 작품까지도 '백합'으로 부르는 경향도 늘고 있다. 이는 야오이, BL에 섹스가 나온다고 장미, 퀴어가 되지 않는 것과 마찬가지로 구분점을 세워야 할 문제로 보인다. 섹스 장면

실제 성소수자의 이야기를 담은
웹툰 〈모두에게 완자가〉
© 완자

풋풋하면서 조금은 어두운 소녀들의 청춘 이야기 〈나의보람〉
© PITO

의 삽입 여부를 떠나, 성소수자로서의 현실과 생각에 무게를 두고 있다면 그 작품이 묘사하는 여성과 여성 사이의 관계는 레즈비언의 관계로서 LGBTQ Lesbian, Gay, Bisexual, Transgender, Queer/Questioning 의 영역에 놓여야 한다. 섹스 장면이 담겨 있으되 섹슈얼리티 판타지로서의 픽션임을 견지하고 있다면 그 작품은 넓게 보아 백합의 영역으로 취급되기도 한다. 물론 섹스 장면 유무에 따라 백합이 아니라고 보는 시각도 있다.

한편 독자가 여성이 아닌 남성인 경우도 나타나고 있다. 이 경우두 갈래가 있는데, 하나는 앞서 소개된 나카무라 나리타로와의 인터뷰와 이 사람이 담당기자를 맡은 작품 제목에서도 등장했듯 백합을 즐기는 남성인 '백합남자'다. 〈마리아님이 보고계셔〉의 경우에도 애니메이션화와 함께 남성 독자가 상당수 유입된 사례가 발견되는데, 나카무라 나리타로의 인터뷰에 다음과 같은 내용이 담겨 있

어 참고할 만하다. 뭔가 미묘한 확신이 덧붙어 있는 건 애교로 넘어
가도록 하자.

─ ─

"저 자신은 백합의 본질은 소녀 만화적인 청춘 이야기라 생각하
고, 실제로 《코믹 백합공주》의 독자도 여성이 많았습니다만, 최근
1∼2년 사이에 남성 팬이 기하급수적으로 늘었습니다. 간단히 말
하면, 백합남자는 사이가 좋은 여성 사이를 보고 멋대로 망상을 펼
치고 있는 남자아이입니다."

"여자아이끼리 손을 잡고 있는 모습을 보고 단순히 행복한 기분
이 된다.─그것도 훌륭한 '백합의 길'百合道입니다. 왜냐하면, 남자끼
리보다 압도적으로 아름답고, 남녀 커플이 하악거리고 있으면 열
받을 뿐이잖아요?"

─ ─

또 다른 하나는 '남성향 백합'이라는 장르 또는 코드다. 백합은
대체로 여성의 손으로 만들어지고 여성을 주 독자로 삼아 소비되
는 편이지만, 일부에서는 남성의 시선으로 만들어낸 여성 커플링을
'백합'이라는 명칭으로 부르고 있는 것이다. 창작자의 성별이 장르
의 성격에 절대적으로 작용하지 않는다는 사실이야 남성이 스토리
를 쓴 BL의 사례 등을 보면 알 수 있지만, 에로틱 묘사나 섹스신 자
체도 넓게 보아 백합의 범주에 놓을 수 있다고 전제하자면 남는 건
여성을 커플링하며 무엇에 1차로 방점을 찍느냐.

나는 생각한다, 고로 백합이 존재한다.
······ 하지만 거기에 나는 필요 없다.

백합남자

〈백합남자〉. "나는 생각한다. 고로 백합이 존재한다. 하지만 거기에 나는 필요 없다."
© 쿠라타 우소倉田嘘

　여성끼리 붙여놓음으로써 그들의 심리와 관계를 묘사하는 데 집중하고 에로를 이를 위한 대화법으로 쓰는가, 그러지 않고 몸에 카메라 앵글을 들이대는 비율이 높은가가 구분법이 될 수 있을 것이다. 무엇보다도 남성향 백합이라 부를 만한 코드를 담은 작품의 경우, 남녀 관계를 단순히 여성 커플로 치환하는 식이어서 커플링한 대상의 관계성은 매우 알량한 편이다. 그리고 대체로는 인물 간의 관계성이 중요하지 않기도 하다. 대체로 남성 독자들이 보고 싶어 하는 건 LGBTQ가 아닌 선에서 그냥 여자와 여자의 몸이 얽히는 장면이니까. 가볍게든 진하게든 말이다.

웹툰에서의 백합

우리나라 웹툰에서도 백합을 표방한 작품이 늘고 있는 추세. 이 분야의 선두주자인 레진코믹스에는 〈나의 보람〉을 필두로 〈마녀 도시 리린 이야기〉 〈What Does The Fox Say?〉 등이 실리고 있다. 웹툰 플랫폼 피너툰(http://www.peanutoon.com)의 경우 아예 '백합' 장르 작품들을 따로 묶어두고 있기도 하다.

레진코믹스에 연재 중인 본격 19금 백합. 〈What Does The Fox Says?〉
ⓒ 팀 가지

142

백합 카테고리를 따로 두고 있는 웹툰
플랫폼 피너툰

Girls' Love

야오이가 BLBoys' Love로도 불리듯 백합 또한 그 형태를 따 소녀
애를 뜻하는 GLGirls' Love이란 말이 쓰이기도 한다. BL과 다른 점이
있다면, BL이 야오이와 다른 지점에서 출발했지만 사실상 대체어
가 되어가고 있는 데 비해 GL은 백합을 대체하고 있지 않다는 점
이다. 물론 애초에 백합이 BL에 비해 마이너한 점도 있긴 하다.

걸 크러쉬 혹은 걸 크러시Girl Crush

최근 예능 프로그램 등에서 무슨 유행어처럼 튀어나오고 있는
표현으로 세계적으로도 비교적 신조어. 《옥스퍼드 영어사전》은
"한 여성(또는 소녀)이 동성에게 느끼는 비성애적이며 강렬한 동경
또는 호감"An intense and typically non-sexual liking or admiration felt by one woman or girl

for another이라 해설하고 있다. 시쳇말로 여성이 여성에게 '덕통사고'를 당한 모습이라 해도 딱히 다르진 않을 터인데, 동성을 향해 느끼는 동경과 애정이라는 측면에서만 보자면 백합과 비슷한 부분이 있다. 실제 동성애와 선을 그은 상태로 동성에게 끌리는 감정이라는 점에서도 그러하다.

백합과 걸 크러시가 결정적으로 다른 점이 있다면 감정을 느끼는 주체와 끌리는 대상이다. 백합은 실사 여부와는 별개로 픽션 속 캐릭터를 대상으로 성립하며 독자(시청자)는 그 관계를 즐기는 자다. 걸 크러시는 실제 인물을 향해 시청자로서의 내가(또는 대중이) 호감과 충동을 직접 느낀다.

다만 최근 용어로서의 '걸 크러시'가 우리나라에서 소비되는 형

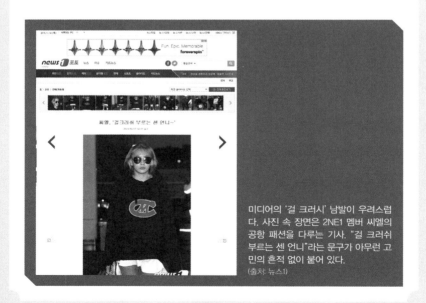

미디어의 '걸 크러시' 남발이 우려스럽다. 사진 속 장면은 2NE1 멤버 씨엘의 공항 패션을 다루는 기사. "걸 크러쉬 부르는 센 언니"라는 문구가 아무런 고민의 흔적 없이 붙어 있다.
(출처 뉴스1)

태는 다소 눈살을 찌푸리게 한다. 주로 여성 연예인이 남성 중심 사회의 질서에 반하는 형세를 취할 때, 다시 말해 '센 언니' 캐릭터로 등장할 때 방송국이 막무가내로 붙이고 있기 때문이다. 이 경우 흔히 외모는 남성들이 좋아하는 외모에서 다소 떨어지는 경우를 말하기도 한다. 한국 사회 안에서 이러한 용어 오용이 어떤 결과를 낳을지 몹시 우려스러운 바다.

모에萌

극단적으로 부품화한 취향 코드와 언캐니밸리

2016년 3월 9일부터 15일에 걸쳐 벌어진 이세돌 9단과 알파고의 대국은 바둑의 'ㅂ'도 모르는 입장에서도 매 회를 그야말로 손에 땀을 쥐고 바라보게 하는 박진감이 있었다. 비록 이세돌이 패배하긴 했으나 1000여 개 CPU로 연결된 컴퓨터를 초읽기까지 몰아세우는 모습에서 불타는 투지를 느낀 사람이 나만은 아닐 것이다.

재밌는 건 이 대국이 코앞에 들이닥친 현실을 환기해주었다는 사실이다. 아이폰의 음성인식 기능인 시리Siri가 온갖 애먼 질문을 던져도 유머를 섞어 받아치고, 수집된 정보를 근거로 로봇이 작성한 기사도 이미 언론 기사 속에 섞여 들어오는 판국에 이젠 심지어 인공지능이 쓴 소설이 공모전 1차 예선을 통과했다는 소식까지 들려온다. 한데 그중에서도 유난히 눈에 띄는 소식이 하나 있었으니, 언론에서 "알파고만 있나"라며 소개한 로봇 '치히라 카나에'의 소

146

2016년 베를린 국제관광박람회에서 도시바가 선보인 치히라 카나에. 왼쪽 남성은 도시바의 연구개발 부문 마케팅 전략실 수석 토쿠다 히토시德田均 (출처: ITB Berlin 홈페이지)

식이었다.

치히라 카나에地平かなえ는 3월 9일 독일 베를린 국제관광박람회ITB Berlin: Internationale Tourismus-Börse Berlin에서 도시바가 선보인 인간형 로봇이다. 눈을 깜빡이고, 일본어와 독일어를 포함해 4개 국어와 수화를 구사할 수 있다. 할 수 있는 일을 묻는 질문에 상담사나 뉴스 앵커 등이 되고 싶다며 너스레를 떨기도 한다. 한데 이 로봇과 관련한 반응은 알파고에 쏟아진 반응과 마찬가지로 곱지만은 않다. "지나치게 인간을 닮은 로봇은 오히려 불안감과 혐오감을 불러일으킨다"는 의견이 대두된 것이다. 이런 의견에 개발사인 도시바는 인간이 수행하기 어려운 부분을 대신할 수 있는 한정된 분야에서만 활용될 것이라고 밝혔다고 한다.

인간의 이상적인 파트너로 쓰일 로봇을 개발하려는 움직임, 그리고 이를 불편하게 느끼는 일련의 반응은 이세돌과 알파고의 대국이 몰고 온 온갖 논란과 겹치는 부분이 많다. 특히 이 로봇을 두고

147

나오는 반응은 인간 아닌 것이 너무 인간 흉내를 내려고 한다는 불편함에 가깝다. 하지만 나는 그 불편함 속에서 강한 기시감을 느꼈다. 그것도 일찍이 인공지능이나 로봇과는 상관없는 우리 바닥, 다시 말해 오덕 바닥에서 느껴본 감정이다. 방향도 다소 다르고 굉장히 생뚱맞아 보일 수도 있지만 이 문장을 한번 보시라.

"생각보다 적잖은 사람들이 일본 만화나 애니메이션 속 '미소녀' 캐릭터에 유난히 불편함을 느낀다. 왜?"

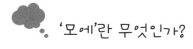 **'모에'란 무엇인가?**

일본 만화나 애니메이션 등에 등장하는 여성 인물들은 흔히 미소녀美少女 캐릭터라 불린다. 미소녀란 말 그대로 '예쁜' 외형을 지닌 소녀 캐릭터를 뜻하는 말이다. 모두 그런 건 아님에도 흔히 '큰 눈'이나 '작게 묘사된 코' '어려보이는 얼굴에 육감적인 몸매' 식으로 특징을 정리하면서 "비현실적이다"라는 비판을 가하기도 하는데, 이 비판은 한편으로는 생산지(?)가 일본이라는 점과 결부되며 "일본식 그림체"니 "일본인들답게 변태적"이니 하는 비아냥거림으로 연결되기도 한다. 하지만 이러한 비판적 시선에 자리한 '불편함'을 단순히 국적 문제로 환원하는 건 그리 온당한 반응이 아니다. 많이들 오해하는 바지만, 애초에 그림체에 국적이 있는 게 아니기 때문이다.

148

모에스러운 미소녀 캐릭터 조형의 전형을 보여주는 일본의 만화가 겸 일러스트레이터 야스다 스즈히토安田典生의 만화《밤 벚꽃사중주夜桜四重奏 ~ヨザクラカルテット~》. 우리나라에는《벚꽃 사중주》라는 제목으로 번역돼 들어왔다. 야스다 스즈히토는 이 외에도 라이트노블《듀라라라》《신족가족》《던전에서 만남 을 추구하면 안 되는 걸까》《엣사 대교》시리즈 등의 삽화를 통해 귀여움과 요염함을 매우 명료한 선으로 담아내고 있다.

ⓒ 2007~. 야스다 스즈히토安田典生 / 고단샤講談社

149

일본의 대중문화 속에 등장하는 캐릭터 조형의 조류를 이해하기 위해서는 '모에'라는 개념에 관해 알 필요가 있다. 한자로는 싹틀 맹萌으로 쓰고 읽기로는 '모에'라 하는 이 개념은 1990년대 중후반 이후 일본의 만화, 애니메이션, 게임 등 '오타쿠 계열' 문화를 설명하는 데 빼놓을 수 없는 낱말이 되어 있다. 모에와 관련해서는 888억 엔에 이른다는 시장 규모를 비롯해 다양한 언급이 나와 있지만, 비교적 담백한 해설은 2000년 7월 30일 산세이도三省堂에서 나온 《데일리 신어사전デイリー 新語辞典》에 실려 있다. 이 사전은 인터넷과 뉴스 등을 통해 새로 등장한 낱말들을 해설하고 있어, 이 용어가 비교적 일본에서도 새로 등장한 축에 속함을 알 수 있다.

만화·애니메이션·게임 여자 캐릭터 등에 유사 연애적인 호의를 품는 모습. 특히 오타쿠적인 취향 요소(고양이 귀나 무녀와 같은 외모, 얼빠지거나 기가 센 성격, 소꿉친구·동생과 같은 상황)에 대한 호의나 또는 그런 요소들을 지닌 캐릭터를 향한 호의를 일컫는다. 대상에 닿지 못한다는 뉘앙스도 있다. 어원은 애니메이션 작품의 여주인공 이름이라는 설, '뜨겁다'(일본어로 '燃える'와 '萌える'는 둘 다 '모에루'로 읽힘)의 오변환설 등 여러 설이 있다.　　신세이도 《데일리 신어사전》 중에서

여기서 주목할 점은 어원보다는 '취향 요소'를 지닌 '캐릭터'를 향해 '유사 연애적인 호의'를 품는다는 대목이다. 누군가가 다른 누군가에게 호감을 느끼는 요소 가운데 가장 즉물적이고 1차원적인

것이 바로 취향이라 할 수 있다. 현실에서 보자면, 남녀를 막론하고 대상이 어떤 삶을 살아서 지금과 같은 생각과 모습을 지니고 있는 가를 알아가는 과정을 거치기 전에 일단 상대의 외모나 옷차림, 몸 매, 목소리에 눈과 귀가 제일 먼저 반응하기 마련인데 여기에선 각자가 지니고 있던 취향이 작동한다.

이를 2차원으로 창작된 작품으로 바꿔보자면, 캐릭터의 개성을 서사와 인물의 내적 갈등에서 찾아내는 게 아니라 겉으로 드러난 면면에서 취향에 맞는 부분을 감지할 수 있으면 그 캐릭터에 바로 호감을 보이는 반응을 가리킨다 할 수 있다. 그 캐릭터가 실제로 어떤 인물인가는, 이 지점에서는 그리 중요하지 않다.

 ## 조립된 미소녀가 스스로 '인물'임을 주장할 때

이렇듯 모에란 취향에 닿은 가상 캐릭터에 호감을 느끼는 모습을 뜻한다. 그 감정의 속성이 유사 연애에 가깝다는 것이 특징이며, 각 취향 요소는 다분히 감상자가 지니고 있는 성(性)적 취향에 닿아 있다. 모에 조류를 비롯해 일본의 오타쿠 문화를 분석한 《모에모에 재팬萌え萌えジャパン―2조 엔 시장의 모에한 구조2兆円市場の萌える構造》에서는 모에에 관해 "첫 사랑의 감정과 닮아 있다"는 다소 낯간지러운 선언을 내놓기도 했지만 실은 아주 플라토닉한 감상으로만 읽을 수는 없는 셈이다. 물론 성적 취향이라 하여 무조건 노출과 직접적 섹

《모에모에 재팬─2조 엔 시장의 모에한 구조》표지. "(모에) 그것은 첫 사랑의 감정과 닮아 있다"라는 문구가 띠지에 선명하다.
© 2005, 홋타 쥰지堀田純司 / 고단샤講談社

스 묘사로 연결되는 것은 아니다. 다만 모에가 2차원 캐릭터를 두고 개개인의 특정 취향에 따라 작동하는 페티시fetish로 기능할 뿐이다. '미소녀'를 대상으로 한 만큼 성인 여성의 성숙한 색기와는 느낌이 다른데, 이와 관련해서는 일본어로 귀엽다는 뜻인 '가와이이'可愛い에 기반을 둔 취향의 집합이라고 보는 시선도 있다.

　작품을 읽는 데 취향에 맞는 캐릭터가 있느냐 없느냐가 1차 선결 과제가 되는 흐름 속에서 서사는 어느덧 부차적 요소로 밀려난다. 모에가 중심이 된 시점에서 인물의 개성은 취향 요소를 각종 속성 차원에서 조립함으로써 제조된다. 이를테면 앞서 사전에서 '오타쿠적 취향 요소'라 언급된 부분을 보자. 외모 면에서는 '고양이

귀'나 '무녀'가 언급됐고, 성격 면에서는 '얼빠진' 또는 '기가 센' 것이 언급됐으며, 상황(또는 정황) 면에서는 '소꿉친구'나 '동생'이 언급됐다.

이해를 돕기 위해 몇 가지를 덧붙여보자. 당장 외모 면만 놓고 봐도 수두룩하다. '안경'을 낀 소녀를 상정할 수 있고, 가슴 크기로는 '소유·평유·거유·폭유' 같은 구분이 가능하며, 옷차림 면에서도 미니스커트, 롱스커트, 핫팬츠, 스패츠, 블루머, 학교 수영복, 하이니삭스, 회사복, 세라복, 메이드복과 같은 구분이 가능하다. 머리 모양에는 포니테일, 트윈테일, 숏커트, 롱헤어, 안테나 등이 있겠고 머리카락 색깔에 따라서도 성격이 달리 부여된다. 아인종으로서 귀나 꼬리가 달리기도 하고 액세서리로 착용하고 있을 경우도 있다. 성격 면으로 보면, 요즘 우리나라 방송에도 심심찮게 등장하는 '츤데레'(겉으로는 싫어하는 티를 내지만 실제로는 좋아서 어쩔 줄 몰라 하고 있다는 식으로 솔직하지 못한 성격을 일컬음)나 '얀데레'(츤데레의 '츤' 부분을 '병들다'는 뜻을 붙여 병적으로 집착하는 형태의 호의를 일컬음) 등이나 진성 새디스트(도S, FS), 진성 마조히스트(도M, FM) 같은 갈래가 있다. 여기에 약간의 양념으로 '독특한 말투' '독특한 행동' 등이 붙기도 한다.

이 모든 속성은 각자가 지닌 취향에 따라 계속해서 생성되며 또한 조합이 가능하기 때문에 끝없이 분화하고 파편화해가게 된다. 그리고 각 속성은 조합을 용이하게 하기 위해 속성별로 특징을 명확히 한 형태로 정형화한다. 가짓수는 분화하지만 각 속성은 디테

153

일을 생략하고 끝없이 단순화하는 셈이다. 결국 모에란 취향 페티시로 생략과 단순화를 거듭한 끝에 드러난 성적 취향 부품의 집합체다. 모에를 채용한 창작물의 질이란 얼마나 합리적이고 그럴싸하게 이 부품을 조립했는가에 달려 있으며, 그 형태가 극단으로 갈수록 또 이야기와 서사의 개입이 적을수록 오로지 조립된 캐릭터만으로 작품을 구성하게 된다. 다른 게 아무것도 없이 "주인공 소녀들이 모두 학교 지정 수영복을 입었음" "주인공 소녀들이 모두 안경을 쓴 미소녀임" "주인공 소녀가 다 메이드임" "주인공 소녀들이 모두 팬티 차림인데 전투를 함" 같은 설정만으로 작품을 만드는 경우가 여기에 해당한다. '의인화'라는 명목으로 상품이나 브랜드를

〈트러블 윈도우즈〉. 컴퓨터 운영체제인 'MS Windows'의 각 버전을 모에 코드를 이용해 조형한 아마추어 창작 캐릭터들의 집합을 일컫는 제목으로 흔히 'OS걸 시리즈'라고도 부른다. 공식 출시된 적은 없으나 등장 당시 일본 인터넷 게시판 커뮤니티 등을 중심으로 화제를 모은 바 있다. 버전별 로고 색상과 램 사용 용량과 이용자들의 평가 등을 머리카락 색깔, 가슴 크기나 인물 성격 등에 고스란히 반영하고 있는 게 특징. 주인공 격인 캐릭터는 속칭 '미치도록 재설치가 필요하던' ME 버전으로 메이드복을 입고 있다.

마도베 나나미惠辺ななみ. 윈도의 제작사인 MS의 일본 지사에서 모에 캐릭터 조형을 마케팅에 활용해 내놓은 공식 마스코트 캐릭터. 2009년 조립 PC에 윈도7 설치를 권장하기 위한 마케팅으로 등장했다. 이름의 마도베는 '창문'이란 뜻이고 나나미의 나나는 7을 상징한다. 프로모션 비디오의 목소리를 인기 성우 미즈키 나나水樹奈々가 맡기도 해 여러모로 화제가 되었다.

서사 하나 없이도 모에 캐릭터로 만들어 노는 사례도 있고 심지어는 실존 인물을 성 반전을 통해 모에 캐릭터로 바꾸는 경우도 있다. 이러한 변환을 가리켜 '모에화'라고 부르기도 한다.

이러한 흐름이 극단에 이를 때 미소녀들은 별다른 맥락 없이 감상자를 자극하는 요소만으로 조립된 로봇 같은 형태로 진열된다. 조립이 용이하게끔 단순화가 심해질수록 조형상의 변별점도 떨어진다. 오로지 좋아하는 마음만으로 소비와 수집이 가능한 사람이라면 모를까, 감정이입을 위한 어떠한 장치도 마련돼 있지 않은 가상 캐릭터를 향한 유사 연애 심리가 작동하지 않는 보통의(오덕의 페이소스를 이해하기 어려운) 감상자들에게는 눈앞에 서 있는 무언가가 연결선이 덕지덕지 티 나 보이는 블록 장난감처럼 보인다 해도 이상할 게 없는 셈이다. 하물며 그런 물건이 작품 안에서 '나도 인물'임

155

오노데라 코우지小野寺浩二의 《망상전사 야마모토妄想戦士ヤマモト》 4권 표지. 2000년대 들어 오타쿠를 소재로 삼은 만화가 줄이어 나오던 시기의 작품으로 망상에 젖어 사는 오타쿠 주인공의 모습을 극단적으로 희화화한 개그 만화다. 4권 표지에는 '모에萌'란 글씨를 모자에 박고 있는 소녀 캐릭터가 "나 모에에 살고 모에에 죽는 자 되리"라는 서약서를 들고 있는 장면을 연출하고 있다. 국내엔 《남자는 불끈불끈》이라는 다소 적나라한 제목으로 번역, 출간됐다.
ⓒ 2001, 오노데라 코우지 / 쇼넨가호사少年画報社

을 강변하고 있다면? 그야말로 치히라 카나에를 볼 때 느끼는 위화감의 2차원판이라 해도 크게 다르지 않을 것이다.

결국 흔히 '일본식 미소녀'라 일컬어지는 일련의 모에 캐릭터에 유난히 거부감을 표하는 사람은 캐릭터가 등장 '인물'로서가 아니라 '부품을 끼워 넣은 흔적으로 너덜거리며 스스로를 인간임을 주장하고 있는 무언가'로 보이는 것이리라. 하지만 흔히 생각하는 것과 달리 이건 국적 문제가 아니다. 불쾌감이나 이해 안 되는 점을 설명할 때 국적을 따지는 건 본질과는 거리가 먼 악감정에 편승하는 싸구려 편리함에 지나지 않는다.

'모에'를 두고 느끼는 불쾌감의 정체

치히라 카나에를 두고 일각에선 로봇을 비롯한 인간의 피조물이 인간과 어중간하게 닮으려 들 때 극단적인 불쾌감과 거부감을 느낀다는 언캐니밸리uncanny valley(불쾌한 골짜기) 이론이 언급되곤 한다. 극단화한 모에의 결과물을 두고 일각에서 제기되는 불쾌감 또한 일부 오해를 차치하더라도 비슷한 궤로 해석해볼 만하다. 이입을 위한 맥락성과 개연성이 낮은데 등장인물(캐릭터)로서의 매력을 알아달라는 소리가 더할 나위 없이 크다면 상대는 '덕심 보정'이 없는 이상 견딜 수 없는 불쾌감에 빠지기 십상이다.

물론 모에 또한 현재는 비단 미소녀 캐릭터를 향한 취향 페티시만이 아니라 성별과 나이를 넘어서 쓰이기도 하고, 한편으로는 2차원이 아닌 실사 연기자들한테서 끌리는 면이 보일 때 그 감정을 표시하는 말로도 확장하고 있다. 반바지 미소년도 로맨스 그레이도 매력적이니 '모에'한 것이고, 어느 성우의 목소리나 배우의 외모가 끌리니 '모에'한 것이다. 앞서 해설한 바 있는 야오이와 BL을 인물 간 위상을 배치함으로써 즐기는 역할극 놀이라는 측면에서 '위상 모에'라 표현하는 시각도 있다.

하지만 극도로 기호화한 취향 요소라는 원초적 의미 자체가 사라지는 건 아니다. 이야기 없이 취향 조립만으로 콘텐츠의 창작과 소비가 가능하다는 점이 급기야 장르의 퇴행 증상인 전통적 클리셰

비틀기로 적당히 회피하는 작품을 다수 등장시키고 있다. 이들 콘텐츠가 더 많은 대중을 대상으로 확장하기 전에 그야말로 보는 이들만 보는 대상으로 형편없이 쪼그라들 가능성도 배제할 순 없다. 그나마 일본은 시장 크기로 버틴다지만, 다분히 모에의 영향권에 놓여 있는 우리나라의 2차원 콘텐츠의 경우는 취향만으로 조립한 작품이 대중의 선택을 받기는 어렵다. 심지어 그 조형적 특성에서 실체도 모를 '그림체로 국적 따지기'가 여전히 횡행하는 마당이니 더욱 그러하다.

캐릭터에 개성을 부여하는 방법론으로서의 모에는 캐릭터상을 구축하는 데 참고할 만한 지점이 분명 어느 정도 있다. 하지만 일본과 달리 한국은 취향만 남겨놓고도 어느 정도 팔릴 만큼 시장 규모가 받쳐주는 곳이 아니다. 우리네 작가들이 덕심을 모르는 사람이 봐도 딱히 불쾌감이 들지 않을 만한 모에를 이야기와 함께 설득력 있게 잘 조립하는 모습을 보고 싶다.

언캐니밸리

인텔이 2016년 초 내보낸 〈PLAYABLE AVATARS WITH URANIOM* AND ITSEEZ3D*〉란 광고 영상을 보면 게임 플레이어가 자기 얼굴을 스캔해 게임 속에 직접 적용하는 장면을 시연하는 모습이 나온다. 영상에 출연한 인텔의 베스 고든(Beth Gordon)은 플레이어의 얼굴을 담은 아바타 캐릭터가 눈썹과 입술을 움직이는 정도지만 개발자들이 움직임을 개선하기 위해 노력 중이고 앞으로 더 나아질 것이라면서 인상 깊은 한마디를 던진다. "인텔이 준비한 언캐니밸리에 오신 것을 환영합니다."(So, Welcome to the uncaany valley brought you by Intel.)

언캐니밸리uncaany valley는 일본의 로봇 공학자 모리 마사히로森政弘가 1970년에 소개한 이론이다. 이에 따르면 로봇이 인간과 비슷해 보일수록 친밀도가 높아지지만 어느 시점에 이르면 갑자기 강한 불쾌감이 나타나다 인간과의 구분점이 거의 사라질 정도가 되면 다시금 친밀도가 올라간다. 이 불쾌감이 나타나는 부분을 그래프로 그리면 마치 골짜기처럼 뚝 떨어지는 모습을 볼 수 있는데 이를 '골짜기'에 비유한 말이 바로 '불쾌한 골짜기'다. 당시 도쿄 공업대학의

159

인텔의 광고 영상. 3D 스캔한 플레이어의 얼굴이 게임에 적용되는 모습을 볼 수 있다. ⓒ 인텔

교수였던 모리 마사히로가 1970년 엣소스탠더드석유 주식회사ㅗ ソスタンダ—ド石油株式会社의 홍보지 《에너지Energy》 제7권 제4호에 〈불쾌한 골짜기不気味の谷(부키미노타니)〉라는 글을 실으면서 일본 안팎에서 화제를 모았으며 이후 영역판이 해외 학회지에 발표됐다.

언캐니밸리는 인간과 유사한 휴머노이드 로봇 개발에 열을 올렸던 시기는 물론 완전히 3D로 제작된 가상 배우가 애니메이션에 등장하고 앞서 인텔의 사례처럼 게임 속에 플레이어를 출현시키기도 하는 이 시점에 자주 회자된다. 적잖은 반론이 있지만 대중 사이의

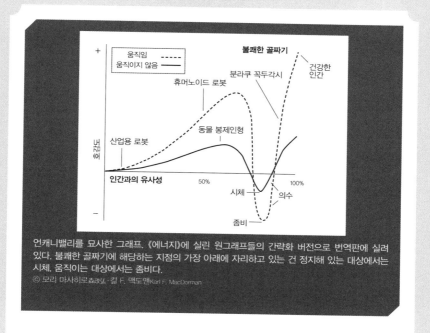

언캐니밸리를 묘사한 그래프. 《에너지》에 실린 원그래프들의 간략화 버전으로 번역판에 실려 있다. 불쾌한 골짜기에 해당하는 지점의 가장 아래에 자리하고 있는 건 정지해 있는 대상에서는 시체, 움직이는 대상에서는 좀비다.
ⓒ 모리 마사히로森政弘·칼 F. 맥도맨Karl F. MacDorman

경험적인 불쾌감을 설명할 근거로서 학계 바깥에서도 곧잘 차용되고 있는 셈이다. 해당 에세이는 다음과 같은 문구로 시작한다.

＿ ＿ ＿ ＿ ＿ ＿ ＿ ＿ ＿ ＿ ＿ ＿ ＿ ＿ ＿ ＿ ＿ ＿ ＿ ＿

　증가함수라는 수학 용어가 있다. 이는 변수 x가 증가함에 따라 그 함수 y＝f(x)도 증대해가는 함수를 나타낸다. 예를 들어, 노력 x가 클수록 수익 y가 커지거나 가속페달을 깊숙이 밟을수록 자동차의 가속이 커지는 등이 그 예다. 이 관계는 일상 곳곳에서 볼 수 있는 것으로 이해하기 매우 쉽다. 아니 오히려 일상 대부분이 이렇기 때문에, 인간은 모든 관계가 단조로운 증가함수인 걸로 착각하고 있는 것 같다. 인생에서 처한 방향에서 밀기로만 일관한 나머지 당기

161

는 자세의 유효성을 이해 못하는 사람이 많다는 사실도 이를 지지하고 있다고 생각한다. 이 때문인지 사람들이 증가함수에서는 나타날 수 없는 현상에 직면할 때 당혹스러운 표정을 보이는 게 흔한 일이다.

한데 등산은 증가함수가 아닌 것의 한 예다. 정상까지의 거리 x와 등산객의 (위치로서의) 높이 y의 관계가 그러하다. 정상에 오르기 위해서는 올라가는 것만이 아니라 골짜기를 넘기 위해 내려갈 필요도 있다.

나는 로봇의 외관을 인간에 가깝게 한다는 등산 과정에서 그 로봇에 관해 인간이 품은 친화감 사이에 계곡 같은 관계가 있음을 깨달았다. 나는 이를 '불쾌한 골짜기'라고 부른다. (후략)

모리 마사히로, 〈불쾌한 골짜기不気味の谷〉, 《에너지Energy》 제7호, 1970.

미학자 진중권은 영화잡지 《씨네21》 2007년 12월 7일자에 연재한 〈진중권의 이매진—우리는 디지털 가상세계의 좀비들인가〉에서 영화 〈폴라 익스프레스〉의 3D 그래픽이 주는 섬뜩한 느낌을 해석하기 위해 언캐니밸리 이론을 끌어들인다. 이 글에서 진중권은 모리 마사히로의 에세이 제목에 쓰인 '부키미'不気味와 이를 영어로 번역한 '언캐니'uncanny가 독일어 '운하임리히'unheimlich의 역어라면서 이 표현을 가장 먼저 쓴 심리학자 에른스트 옌치Ernst Jentsch의 규정을 소개한다. 언캐니밸리의 특징을 잘 해설한 글로서, 극단화한 모에를 두고 일부가 느끼는 불쾌감과 맞닿는 부분을 이해하기에 좋은

힌트들이 담겨 있다.

(전략)

일본어 '부키미'不気味, 영어의 '언캐니'uncanny는 독일어 '운하임리히'unheimlich의 역어다. 이 개념을 제일 먼저 사용한 심리학자 에른스트 옌취는 그것을, "어떤 생명 있어 보이는 존재가 정말 살아 있는 건지, 혹은 반대로 어떤 생명 없는 사물이 혹시 살아 있는 건 아닌지 하는 의심"으로 규정했다. 그는 이 개념을 E. T. A. 호프만의 〈잔트만〉의 효과를 설명하는 데에 사용하기도 했는데, 거기서 소설에서 교수의 딸 올림피아는 나중에 자동인형으로 드러나고, 이것이 결국 주인공을 몰아가게 된다.

이 섬뜩한 느낌은 어디서 올까? 어떤 가설에 따르면, 시체의 표정과 좀비의 동작을 닮은 휴머노이드가 불쑥 '죽음'을 연상시키기 때문('사망 돌각 가설')이라고 한다. 다른 가설에 따르면 뭔가 결함이 있어 보이는 존재가 종족의 유전자 풀에 섞여 들어오는 것에 생명체가 본능적 거부반응을 보이기 때문('진화 미학적 가설')이라고 한다. 아무튼 인간-기계의 관계는 원래 1인칭-3인칭의 관계이나, 그것을 1인칭-2인칭으로 받아들여야 하는 상황에는 분명히 어떤 섬뜩함이 있는 게 사실이다.

기능성 로봇의 경우에는 섬뜩한 계곡에 빠질 일이 별로 없다. 인간의 일부 기능만을 모방한 봉사로봇service robot이기 때문이다. 하지만 휴머노이드는 다르다. 인간의 외형과 동작과 생각을 통째로 시뮬레이션한 반려로봇companion robot이기 때문이다. 봉사로봇은 아직 사물로 여겨진다. 즉 진공청소기와 같은 도구로 분류된다. 하지만 반려로봇은 이미 인격으로 여겨진다. 즉 그것은 내게 위안을 주는 친구의 범주 속으로 들어간다. 하지만 친구를 껐다 켰다 할 수 있다니, 얼마나 끔찍한 일인가?

(후략)

진중권, [진중권의 이매진] 〈우리는 디지털 가상 세계의 좀비들인가〉,

《씨네21》, 2007. 12. 7.

모에와 여성혐오misogyny

모에란 캐릭터 구성에 얽힌 취향을 극단적인 부품화한 개념이고, 많이 확장돼 왔지만 원류는 명백하게 여성 캐릭터, 그리고 압도적으로 많은 경우에 소녀 캐릭터에 방점을 찍고 있다. 모에에는 성격과 상황(혹은 정황) 코드도 있지만 가장 중심이 되는 건 아무래도 외형의 조형에 해당하는 코드들이다.

다시 말해 모에는 비록 가상에서라는 전제가 있고 정도의 차이도 있지만 여성의 신체적 특징을 성적 취향을 위한 취향 부품으로 나눠놓는다는 점에서 여성혐오라는 비판에서 자유롭지 못한 지점이 있다. 여성 입장에서는 언캐니밸리 이전에 마치 남성들 맘에 드는 부위를 골라다 붙여놓은 리얼돌(더치와이프)을 보는 기분이 들고 말기 때문이다. 한 세계관 안에서 살아 있는 등장인물로서의 인격

게임 〈클로저스〉에서 티나 역을 맡았던 김자연 성우의 2016년 7월 18일자 트윗. 여성혐오에 대응하는 전략으로 미러링을 적극 도입한 메갈리아4가 제작한 'GIRLS Do Not Need A PRINCE' 티셔츠를 인증했다가 거센 비난과 하차 요구에 직면했다. 해당 게임의 제작사 넥슨은 논란이 일자 곧바로 김자연 성우의 음성을 삭제하고 계약을 해지함으로써 게임 업계는 물론 콘텐츠 업계 전체에 매우 악질적인 선례를 남기고 말았다. 여성들의 문제제기를 용납하지 않는 이들은 이후 실력행사로 게임, 웹툰 업계와 종사자들의 밥줄을 끊는 사적 제재를 끊임없이 이어가고 있다.
ⓒ 김자연

과 감정보다는 조형 면에서 남성의 취향을 충족시키느냐가 우선한다면 여성 입장에서 불쾌감을 드러낼 만한 요인이 된다. 2016년 들어 페미니즘 티셔츠를 인증한 성우의 목소리를 게임에서 삭제한 사건을 발화점으로 굉장히 다양한 문제제기가 일어나고 있는데 모에 또한 그 비판점 한가운데에 서 있다.

확실히 할 것은 모에라는 조류를 떠받치고 있는 중심 기조가 분명 여성 캐릭터를 어떤 모양새로 '만들 것인가'라는 데 있다는 점이다. 현재는 모에가 소녀를 넘어 성별과 연령을 막론하고 캐릭터 전반의 매력을 말하는 용어로 확장돼 있고 여성층이 주로 소비하는 BL을 '위상 모에'로 정리하는 경우도 있지만, 기본은 역시 미소녀

성우 퇴출로 2016년 한국의 페미니즘 이슈에 도화선 역할을 한 된 게임 〈클로저스〉
ⓒ 넥슨

의 조형을 위한 개념이고 취향 코드이며 성적 은유에서 완전히 자유로울 수 없다. 하지만 성적인 은유를 담은 표현을 해서는 안 된다는 주장은 필연적으로 규제만능주의를 소환한다. 아청법(아동청소년의성보호에관한법률) 문제에서 보듯 모호성으로 말미암아 단속권자나 비판론자가 보이는 인상론적이고 자의적인 판단에 기댈 수밖에 없는 규제만능주의는 그 자체로 위헌성을 띤다. 결국 문제는 표현을 해도 된다/안 된다가 아니라 무엇을 왜 담기 위해 표면적으로 표현하는가이고, 그렇게 표현된 캐릭터가 어떤 맥락을 지니고 어떻게 말하고 움직이는가에 초점을 맞춰야 한다.

페미니즘 이슈가 경직된 가부장적 사회에 던지는 과제는 지금까지 당연하다 감내해왔던 모든 사회적 구도가 사실은 불공평하고 정당하지 않았음을 깨달아야 한다는 것이다. 우리 사회에서 아무렇지도 않다 여겼던 것이 사실 누군가에게는 불편했다는 점을 인정해야 하는 지점에 다다랐다. 모에에 기초한 오타쿠 문화 또한 여기에서 자유롭지 않다. 한국의 오덕들에게도 마찬가지 과제가 떨어진 상황이고 보면, 그저 예쁘고 귀엽고 색하다며 좋아했던 표현들 가운데 아무 맥락도 이유도 없이 당연하다는 듯 배치된 것들에 관해서는 조금이나마 거슬려하기 시작할 필요가 있다. 그래도 지나친 일반화가 좀 짜증난다면, 상대가 그 일반화에 늘 휘둘려 지친 이들임을 상기해보자.

지역 캐릭터

한국에서 '쿠마몬 성공신화'를 바라고 싶다면

1년에 1000억 엔(약 1조 원). 들으면 괜히 억?! 소리 날 것만 같은 수치가 3월 내내 우리네 언론 지면을 오르내렸다. 이는 3월 초 한 일간지가 일본 구마모토熊本 현의 지역 캐릭터인 '쿠마몬'〈くまモン〉이 달성한 연매출액을 소개하면서부터다.

지역의 효자라네, 헬로키티 부럽지 않다네 하는 이야기가 쏟아지는 가운데, 은근슬쩍 "그런데 해치는?"이란 말이 끼어들기 시작했다. 서울시 캐릭터인 해치가 지난해 벌어들인 캐릭터 상품 매출액이 20만 원 정도에 그쳤다는 것이다. 이 문제를 제기한 언론은 "시장이 바뀌었기 때문"이라며 원인을 제시하고 있기까지 하다. 말인즉 전임 시장이 만든 캐릭터의 상품화와 홍보를 신임 시장이 중단한 탓이라는 이야기다.

이런 기사들이 등장한 시기가 해당 전임 시장이 제20대 국회의

(왼쪽) 일본 구마모토 현 캐릭터 쿠마몬 (오른쪽) 서울시 캐릭터 해치

원 선거(2016. 4. 13)에 현임 시장과는 반대 입장에 서 있는 정당의 국회의원 후보로 출마한 시점과 정확히 겹친 점은 차치하도록 하자. 하지만 지역 캐릭터의 성공 사례를 지나치게 단순화해서 보고 있지는 않은가 하는 생각을 지울 수 없다. 그렇다면 '성공한 지역 캐릭터'란 무엇일까. 쿠마몬의 사례에 비추어 살펴보겠다.

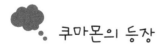 **쿠마몬의 등장**

느닷없이 물 건너 한국에서 화제를 모으고 있는 쿠마몬의 공식 홈페이지에는 다음과 같은 자기소개가 실려 있다.

내 이름은 '쿠마몬'. 2011년 3월 구마모토 신칸센 완전 개통을 계기로 태어난 것이다몬. 나의 일은, 가까이에 있는 놀랍고 행복한

일을 찾아서 전국의 모두에게 알리는 것. 구마모토만이 아니라 간
사이関西(관서)나 간토우関東(관동)에도 출장을 가고, 구마모토의 맛
난 먹거리나 대자연을 열렬하게 어필 중!

　도지사로부터 구마모토 현의 영업부장 겸 행복부장으로 발탁돼
더욱 더 힘을 내고 있다몬. 내가 사랑하는 구마모토를, 모두에게 좀
더 알리고 싶으니까 앞으로도 계속 만나러 갈거야몬!

　매력 넘치는 구마모토와 나를 앞으로도 잘 부탁하쿠마!

쿠마몬 자기소개(http://kumamon-official.jp/profile)

- -

　규슈 신칸센九州新幹線 완전 개통일인 2011년 3월 12일에 태어난
'수컷 아닌 남자' 쿠마몬은 도지사에게 임명받아 '일단 공무원'으로
재직하며 자신이 사랑해 마지않는 구마모토의 매력을 일본 전국에
있는 모두에게 전파하려 한다고 주장한다. 말버릇은 "~쿠마" "~
몬"이고 "누군가를 행복하게 하고 싶다는 마음이 있는 곳"에 출몰
해 장기인 '쿠마몬 체조'를 한다. 처음 등장했을 땐 비교적 날씬한

"농업 왕국 구마모토"
(출차: 구마모토 현 홈페이지)

편이었지만 지금은 뚱뚱한 체형으로 변했다. 쿠마모토의 맛난 먹거리를 많이 먹어서 뚱뚱해졌다는 설정이 붙어 있다. 이름의 '몬'은 그냥 들으면 포켓몬이나 디지몬의 '몬' 같기도 하지만 사실은 쿠마모토 사투리로 '사람'을 뜻한다고 한다.

쿠마몬은 지역명에 '곰'熊(일본어로 쿠마)이라는 동물이 들어 있는 점을 이용해 곰 캐릭터를 만들고, 구마모토熊本 성의 색깔을 따 몸을 검은색으로 칠하고 빨간색으로 볼을 칠했다. 지방자치단체, 공공기관 등의 인형화한 마스코트 캐릭터를 가리키는 유루캬라ゆるキャラ의 전국 경연 대회 '유루캬라 그랑프리' 2011년 대회에서 1위를 차지해 전국적인 인지도를 쌓았다.

한데 구마모토 현이 쿠마몬을 만들게 된 데는 '위기의식'이 자리하고 있었다. 규슈 신칸센은 2004년 3월 13일 가고시마츄오鹿児島中央에서 신야츠시로新八代를 잇는 약 127킬로미터 노선이 먼저 개통됐고, 2011년 3월 12일 신야츠시로에서 하카타博多를 잇는 약 130킬로미터 노선이 이어서 개통됐다. 하카타부터는 산요 신칸센山陽新幹線을 이용해 신오사카新大阪까지 이어지기 때문에 그야말로 간사이関西 지역을 횡으로 잇는 초고속철도 노선이 완성된 셈이다. 한데 구마모토는 1차 개통 당시 산요 신칸센과 1차 개통 노선 사이에 끼어 있었다.

〈일본에 먹으러 가자〉라는 블로그와 동명의 책으로 유명한 까날kcanari이 완전 개통된 규슈 신칸센을 타고 돌아와 적은 2011년 4월 27일자 포스팅을 보면 "쿠마모토는 가기 편한 큐슈에서도 묘하게

171

《ルートの概要図》

開業前 4時間11分
約74分 短縮
開業後 2時間57分

開業前 3時間34分
約73分 短縮
開業後 2時間21分

開業前 2時間12分
約54分 短縮
開業後 1時間17分

開業前 5時間02分
約80分 短縮
開業後 3時間42分

新大阪　岡山　広島　新山口　小倉　博多　新鳥栖　筑後船小屋　久留米　新大牟田　新玉名　熊本　新八代　新水俣　出水　川内　鹿児島中央

규슈 신칸센 노선도. 1차 개통 구간이 지도에서 왼쪽 하단의 청록색 선으로 표시된 가고시마츄오에서 신야츠시로까지, 2차 개통구간이 그 위의 주황색으로 표시된 신야츠시로에서 하카타까지다. 구마모토는 주황색 선으로 표시된 2차 개통 구간 중 아래에서 두 번째에 자리하고 있다.
(출처: 가고시마 현 홈페이지)

발이 안가는 곳이기도 했는데, 아무래도 교통의 불편함 때문이었습니다. 신칸센이 개통하기 전까지는 특급으로 1시간 30분 정도 걸렸습니다만, 이제 신칸센의 개통으로 후쿠오카에서도 당일치기로 다녀오는데 무리가 없습니다"라고 소개되고 있다. 하지만 2차 개통이 되는 상황에서도 구마모토 현에는 여전히 걱정거리가 남아 있었다. 구마모토가 '지나치는 역 중 하나'일 뿐이라는 점이었다.

구마모토 현이 선택한 전략과 성공

이와 관련해 구마모토 브랜드 추진 과장 사카모토 타카히로坂本孝広는 《요미우리신문》의 ojo 2012년 4·5월호 특집기사로 실린 〈미디

어 전략과 스토리성으로 경제 효과를 높이는 '쿠마몬'メディア戦略とスト
ーリー性で経済効果を高める'くまモン〉에서 "신칸센이 전면개통하면 사람이나
물류가 대도시에 집중하게 돼 구마모토는 그냥 지나치게 되어 되레
쪼그라들지 않을까 우려하는 시각도 있었다"면서 "현의 인지도를
높이는 방안도 있었지만 간사이 권과의 교류 인구를 늘리는 걸 목
표로 한다면 간사이에서 이슈화를 우선시해야 한다고 판단했다"고
밝히고 있다.

쿠마몬은 이러한 위기감을 극복하기 위해 구마모토의 아름다움
과 매력을 어필하는 '구마모토 서프라이즈' 캠페인의 마스코트 캐
릭터로 등장했다. 쿠마몬의 설정에는 이와 같은 캐치프레이즈부터
목표에 이르는 대부분의 요소가 촘촘하게 녹아 있다. 또한 오사카
등지에 출몰하여 궁금증을 일으킨 후 정체를 밝혀나가는 식의 이벤

くまもとサプライズキャラクター『くまモン』
（くまもとサプライズ熊本県許可第536号）

구마모토 서프라이즈 마크와 쿠마몬

173

트를 진행해 언론 보도와 SNS 입소문을 꾀하고 역시 오사카 지역에 교통 광고를 펼치기도 했는데, 이는 비교적 적은 비용으로 사람들 눈에 띄는 미디어 전략이었다.

　이 홍보 전략에는 쿠마몬을 타 지역 사람들에게 친근하고도 확실하게 각인시킬 수 있는 대(對) 대중 스토리텔링이 가미돼 있다. 앞서 인용한 특집기사를 보면, 쿠마몬이 구마모토 현의 홍보 대사로 임명돼 명함을 뿌리다가 진력이 나 잠적하는 실종 사건을 일으켜(?) 현 차원에서 SNS를 통해 목격담을 올려달라고 호소하는(?) 이벤트를 벌이기도 했다고 한다. 쿠마몬이 등장 당시부터 인기를 얻게 된 건 이렇듯 스토리텔링을 적용해 구마모토 현에 가장 절실히 필요했던 '알리기'를 '주로 알려야 할 대상지'에 효과적으로 내비치는 현실적이고도 효과적인 전략이 있었기 때문이다.

'쿠마몬 체조'를 선보이는 쿠마몬 (출처: 유튜브 shinkansenkumamon)

174

이러한 일련의 활동을 통해 쿠마몬은 구마모토의 홍보대사로서는 물론 "유루캬라에서 판매되는 캐릭터로"라는 목표를 내건 결과 등장 1년 만인 2012년에 25억 엔(약 250억 원)의 관련 상품 매출을 올렸다. 그리고 2015년 관련 상품 매출은 1007억 7800만 엔. 우리나라 돈으로 1조 원이 넘는 금액이다.

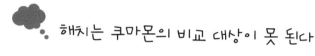

해치는 쿠마몬의 비교 대상이 못 된다

우리나라에서 지역 캐릭터들을 비교적 다채롭게 만나볼 수 있는 곳은 다름 아닌 수도권 전철 1호선이다. 수도권 전철 1호선은 가장 오랜 역사를 자랑하면서 북으로는 경기 북부, 남으로는 충남 서북부 내륙까지 뻗어 있다 보니 전철이 지나는 지역에서 집행한 광고물이 역사와 전철 내부에 숱하게 붙어 있다. 상당수 광고물에 지역을 대표하는 동물이나 특산물을 형상화한 캐릭터가 함께 붙어 있다.

그러나 해당 지방자치단체에는 미안하지만, 지역 주민조차 자신들이 사는 지역에 그런 캐릭터가 있는지를 모른다. 캐릭터를 개발하는 데 세금이 제법 들었을 것은 짐작할 수 있겠지만 말이다. 그나마 서울시의 해치가 디자인 면에서나 유포량 면에서나 우수한 축에 속한다 할 수 있겠지만, 앞서 언론 보도를 소개했듯이 관련 상품의 연매출이 고작 20만 원 수준이다. 딴에는 애니메이션화까지 됐는데도 말이다. 그렇다면 그 이유가 정말로 '현 시장'의 '전임 시장 치

적 지우기' 때문일까. 물론 아니다. 쿠마몬은 '되고' 해치는 '안 된'
까닭을 한마디로 정리하자면, 지역 캐릭터가 무엇인지에 관한 개념
을 캐릭터의 소유자가 이해하지 못하고 있기 때문이다. 아니, 더 냉
정하게 말하자면 해치를 비롯한 우리네 지역 캐릭터 대부분은 '지
역'을 빼놓고 그냥 '캐릭터'로서도 실격이다.

캐릭터란 뭘까? 흔히 번역하자면 '등장인물(의인화 포함)'이다.
여기서 중요한 건, 인물은 어느 세계관 안에서 살아 숨 쉬는 인격체
란 점이다. 다시 말해, 캐릭터는 그냥 조형물이 아니라는 이야기다.
웹툰을 포함해 숱한 창작물에서조차 이 개념을 빼놓고 그림만 멋진
경우가 많다고는 하지만, 명색이 '캐릭터'를 만든다고 한다면 인격
이 부여된 가상 생명체를 만든다는 개념으로 접근해야 한다. 그 가
상 생명체가 살아갈 세계란, 보통의 캐릭터라면 '창작된 작품' 속이
겠지만 지역 캐릭터의 경우는 지역이라는 실제 공간이다. 주민들이
살아가고 있는 현실 속 공간, 토지 위 그 자체라는 이야기다. 지역·
공공 캐릭터를 뜻하는 '유루캬라'의 조건 가운데 하나가 '인형화할
것'인 까닭도 사실은 이런 이유가 있다. 사실은 가짜지만, 현실에서
살아 있게끔 해야 하는 것이다.

그러므로 단순히 아르바이트생에게 탈을 씌운다고 생명력 문제
가 해결되지는 않는다. 캐릭터가 생명력을 얻는 건, 그 캐릭터가 그
자리에 있는 '이유'를 납득시킬 때 비로소 가능하다. '설정'과 '배경
스토리'라는 장치가 이 때문에 중요해진다. 지역 캐릭터의 설정과
배경 스토리는 왜 이 캐릭터가 그 지역을 대표하는지를 대중에게

명확하게 설명할 수 있어야 한다. 중국에서 유래해 한국과 일본에도 등장하는 상상 속 동물인 '해치'의 경우, 그 무엇에서도 '대한민국 서울'을 떠올릴 수 없다. '청렴의 상징으로 서울을 지키는 상상 속 동물'이라지만, 여기서의 서울은 '수도'를 뜻하는 일반명사 서울이지 대한민국 서울시를 뜻하는 고유명사 서울이 아니다. 캐릭터 '해치'는 현실의 물리적 지역 공간인 대한민국 서울을 해치가 상징할 수 있는지조차 설명하지 못한다. 물론 개성적인 설정으로 인격을 부여하고 꿰어맞출 수도 있겠으나, 해치의 공식 안내문에서 과연 그런 걸 읽어낼 수 있는지 살펴보자. 그리고 쿠마몬의 공식 소개문과 비교해보도록 하자.

서울의 상징 해치獬豸는

선악을 가리는 '정의와 청렴'의 동물이며,

재앙을 물리쳐 '안전'을 지켜주고,

'복과 행운'을 가져다주는 신령스러운 상상의 동물입니다.

생김새는 머리에 뿔이 있고 목에 방울을 달고 있으며,

몸 전체는 비늘로 덮여있고 겨드랑이에는 날개를 닮은 깃털이 있어

날아다닐 수 있는 서울의 수호동물입니다.

여름에는 물가에, 겨울에는 소나무 숲에 살며

서울의 광화문과 경복궁에서 주로 살았다고 알려져 있습니다.

177

조선시대에는 사헌부의 관복에 사용된 바 있으며,
민가에서는 화를 면해주고 복을 가져다주는 부적으로 사용하는 등
서울의 유구한 역사 속에서 서울시민의 수호자 역할을 해왔습니다.

앞으로 해치는 서울시민의 곁에서 행복과 기쁨을 선사하여
서울시민의 자긍심을 높이고 세계인들의 마음속에 기억될 수 있는
생명력 있는 상징으로 커나갈 것입니다.

서울시 해치 안내문 최종(2009. 7. 21 작성)

http://sculture.seoul.go.kr/archives/10005

- -

해치 상품이 연 20만 원어치밖에 팔리지 않았다는 것 또한 전략
의 차이 문제에 지나지 않는다. 쿠마몬은 미풍양속을 해치는 선이
아니면 구마모토 현에 신청서를 제출해 '구마모토 현의 홍보에 연
결된다' '구마모토 현 상품의 판매 촉진과 연결된다'는 점을 인정받
아 허가를 받으면 정해진 도안 이용 규칙 안에서 캐릭터 사용료를
내지 않고 캐릭터를 사용해도 된다. 캐릭터 자체가 '홍보대사' 공무
원으로 설정돼 있기도 하지만, 쿠마몬 캐릭터는 현이 직접 팔지 않
고 캐릭터를 민간 업체들이 사용하게끔 창구를 열어놓은 셈이다.
1조 원이라는 금액은 구마모토 현이 올린 수익이 아니라 쿠마몬이
사용된 상품의 판매량을 업체 설문을 통해 추산한 수치다.

어차피 지방자치단체는 예산과 인력이 한정돼 있고 공무원들이
기민하게 대응하긴 어렵기 때문에 캐릭터가 사방 천지에서 대중의

소유물 속에 녹아들어가게끔 하려면 민간이 움직이게끔 유도하는 편이 낫다고 본 셈이다. 그리고 사람들은 재밌는 말투에 재밌는 몸짓을 보여주면서 진취적인 목표까지 있는 '공무원' 인격체 쿠마몬에게 흥미를 느낀다. 만든 쪽에서 인격체로 사람들 앞에 내보이고 호흡하게 했기에 사람들이 호응하며 애정을 느낀 결과가 드러난 셈이다.

비교 대상으로 굳이 해치가 언급됐기에 지적하고 있을 뿐, 한국의 지역 캐릭터 대부분은 사실상 해치만큼의 디자인 품질조차 갖추지 못한 경우가 태반이다. 캐릭터를 살아 있는 대상으로 만들기 위해 어떠한 연구도 하지 않은 탁상행정의 결과물들이 아닐 수 없다. 몇 번을 강조해도 부족하지 않을 이야기지만, 캐릭터는 설정만으로 만들어지는 게 아니다. 지역 캐릭터는 삶의 터전과의 연결고리와 그 지역의 무엇을 내보일 것인가라는 목표가 무엇보다 중요하다. 지자체가 편성하는 1년 단위 예산 안에서 성과를 낼 수 있는 게 아니라는 의미다.

후낫시의 사례, 그리고 한국의 지역 캐릭터들

쿠마몬이 조형 면에서 워낙 새끈하게 빠지고 지자체가 영리하게 처신한 경향이 있긴 하지만, 사실 지역 캐릭터의 인기는 조장을 통해 밑밥을 까는 것과는 별개로 사람들 사이에서 회자되는 분위기와 기

후낫시

세 또한 큰 변수로 작용한다. 허술한데도 느닷없이 '빵 터지는' 사례가 여기에 해당한다. 뭔가 식은땀 나는 방정맞음으로 묘한 헛웃음을 자아내는 치바 현 후나바시 시의 비공식 지역 캐릭터, 배의 요정 '후낫시'ふなっしー를 보자.

기묘하게 후줄근해 보이는 이 캐릭터는 과일인 '배'를 형상화한 마스코트로 후나바시船橋: ふなばし 시의 후나ふな와 '배'를 뜻하는 나시梨: なし를 합친 이름을 지니고 있다. 재밌는 점은 지역 캐릭터지만 현과 시에서 공인하고 있지 않은 비공인 캐릭터라는 사실이다. 하지만 '유루캬라'로서 작자가 직접 지역 행사 등에 참여, 허름해 보이는 인형의 범상치 않은 몸놀림이 광고에 쓰이면서 전국적인 인기를 얻게 된다. 현재는 TV 출연을 할 만큼 유명인사가 되어 심지어는 음반까지 낼 정도다.

후나바시 시의 특산품 '배'를 모티브로 삼아 '마우스를 이용해 파워포인트로 30분 만에 그렸다'고 알려진 후낫시는 비공인 캐릭터이면서도 후나바시 시의 공식 선물에 일러스트로 등장해 사실상 공인된 비공인 지역 캐릭터의 반열에 올랐다. 공식 캐릭터가 아닌지라 지방자치단체의 직접적인 홍보 전략이 가미되지는 않았으나, 이름부터 상징까지 지역의 특징을 고루 갖추었으면서 사람들 사이에서 예기치 않은 개성이 발견되어 매력이 확산된 경우다. 〈꼬마마루코〉와의 합동 기획 상품이 나오기도 할 정도다.

후낫시의 사례는 공식과 비공식의 여부 이전에 설정 면에서 지역색을 지닌 캐릭터가 사람들 사이에서 생명력을 얻어나가는 모습을 보여준다. 조금 허술해도 인구에 회자되며 대표성과 캐릭터성 모두를 획득할 수 있음을 보여준 것이다. 물론 여기에는 유루캬라라는 마스코트 캐릭터 문화가 정착된 일본의 분위기도 한몫했겠지만, 허술하면서도 기민한 움직임이라는 뭔가 언밸런스한 매력이 공유에 익숙한 인터넷 시대에 장점으로 작용하기도 했다.

쿠마몬과 후낫시의 사례는 궤는 다르지만 결과적으로는 지역을 모티브로 삼은 캐릭터가 지역민과 대중 속에서 어떻게 살아 있는 캐릭터가 될 수 있는가를 보여준다는 점에서 참고할 부분이 있다. 특히나 인터넷을 통한 정보 전파 속도가 유난히 빠른 한국에서는 쿠마몬의 성공 사례를 살피기보다 후낫시가 개인 캐릭터에서 반+공인 지역 캐릭터로서 정착해가는 과정에 주목할 만하다. 인터넷 스타(?)로 유명세를 탄 덕분이라고 할 수도 있겠지만, 절대 다수의 대중이 호응하는 데 아무런 맥락과 이유가 없는 경우는 극히 드물다. 이를 뒤집으면 대중의 선택을 아예 받지 못하는 경우 이유가 다른 데 있지 않다는 말이기도 하다.

재밌게도 근래 한국의 지역 캐릭터 가운데 그나마 화제에 오른 몇몇 사례는 인터넷 여론의 힘을 십분 활용하는 방식을 선택하고 있다. 한국에서 재미난 지역 캐릭터의 선두주자로 부각되고 있는 건 고양시의 '고양고양이'다. 지역의 이름을 이용해 동물 캐릭터를 설정하고 '~고양'으로 마무리하는 말버릇을 앞세운 공식 SNS 계정을 운영하면서 설정만으로 움직이는 여타 캐릭터와 달리 SNS 이용자들 사이에서 피드백을 주고받으며 살아 있는 듯한 실감을 불러일으켰다.

고양시는 이 밖에도 시가 관계된 각종 행사에 고양고양이 인형

고양고양이를 찾습니다

실종 일 : 2014.10.11, 21시경
실종장소 : 화정문화광장
신체특징 : 꼬리에 노란색 리본
마지막 목격장소 :
마두역 미니축구장 11일 밤 12시
도주하는 범인을 목격함

고양고양이 인형탈을 도난당했습니다.
분실한 인형탈을 목격하신 분은 시청 페이스북
또는 고양경찰서로 제보해 주시기 바랍니다.

제보전화☎ 112 / 031-909-9000

고양이 탈을 도난당했다는 페이스북 공지. 쿠마몬의 자발적 실종(?)과는 달리 진짜로 행사 중에 탈이 사라지는 소동이 있었다. 다행히 무사히 돌아와 다시금 홍보 전선에 쓰이게 됐는데, 귀환 당일 고양시 공식 페이스북에는 "내 밥줄 간수 잘 하겠습니다. 탈 못 찾으면 이직하려고 준비 중이었는데…"라는 글귀가 실려 웃음을 자아냈다. 이렇게 자학 디스까지도 서슴지 않는 말투로 매일매일 새로운 '말'을 던지는 게 고양고양이 캐릭터를 업데이트하는 원동력이다.

고양시의 모바일 콜택시 브랜드 '고양E
택시' 캐릭터로 등장한 고양고양이

을 내세우는가 하면 3D 캐릭터를 이용한 홍보 영상을 만들고 메신
저용 캐릭터 스티커를 출시했으며, 시장이 아예 고양이 귀를 달고
나오는 살신성인(?)을 선보이기까지 했다. 고양고양이는 특정 콘
셉트를 잡고 운영되는 공식 SNS 계정들의 캐릭터화가 유행을 타던
시기 대검찰청과 한국민속촌 계정과 더불어 독특한 반향을 불러일
으켰다. 현재 고양고양이는 시내 모바일 콜택시 브랜드 캐릭터로도
등장했다. 잘 정착된 캐릭터의 쓰임새가 무궁무진함을 지자체 차원
에서 깨달아가는 모습이다.

고양시가 SNS 친화형 캐릭터로 재미를 보자 뒤따라 등장한 지
역 캐릭터가 있으니 바로 부천시의 부천핸썹이다. 힙합 음악에서
자주 등장하는 "손을 위로 들어"Put your Hands up라는 외침과 도시 이
름의 발음이 유사하다는 점에 착안해 만든 '손가락 캐릭터'다.

부천은 오래 전엔 복숭아밭이 있어 복사골이라 불렸고 이후엔

부천핸썹

공장들이 들어섰다가 현재는 만화를 비롯한 문화의 도시를 표방하며 나서고 있는 곳이다. 특산품을 내세우기 어렵고 명확하게 한 가지 분야만을 중점으로 파고 있지도 않은 곳이라 캐릭터를 잡기가 쉽지 않았으리라 짐작된다. 이 때문에 어찌 보면 이름만으론 바로 연결 짓기 어려운 캐릭터가 등장했는데, 2015년 3월 첫 등장 이래 SNS를 통해 '~했썹' 등의 말투로 친밀화를 꾸준히 시도 중이고 인형탈을 통한 노출 또한 진행 중이다.

일부 언론에서는 서울시가 내놓은 브랜드 '아이 서울 유'I SEOUL U에 쏟아진 냉담한 반응 덕에 오히려 '부천핸썹' 브랜드가 반사이익을 얻었다는 평가를 내리기도 했다. 다만 부천핸썹은 공식 SNS 계정을 통한 노력에도 고양고양이의 물오른 입담(세간에서 '드립'이라 부르기도 하는 그것)과 캐릭터 확장성에 비해 '내공'이 다소 달리는 인상이다. 고양고양이와 달리 부천햇섭은 외국어라는 점 때문에 캐릭터를 대중의 뇌리에 각인시키기까지 한두 단계가 더 필요하다. 결국 갈수록 SNS를 통한 '말'에 더 의존할 수밖에 없을 터여서 SNS 계정 운영자의 가열한 분발이 요구된다.

한국 지역 캐릭터의 발전과 상품화를 위하여

고양고양이와 부천햇섭은 이 척박한 한국 땅에서는 지방자치단체 차원에서 대외에 적극적인 공세를 펴는 몇 안 되는 사례다. 캐릭터 저변이 확충된 일본과 달리 한국은 SNS를 통한 소통을 통해 쏟아내는 '말'로 캐릭터를 세밀하게 잡고 업데이트해가며 여타의 반향을 기대하는 방식을 쓰고 있다. 이런 점으로 보자면 대중의 반응과 함께 캐릭터가 완성되어 간다는 점에서 쿠마몬보다는 후낫시 쪽에 더 가깝다고도 볼 수 있겠다.

지역이 처한 상황을 위기로 받아들이고 적극적인 외부 노출을 통해 지역 알리기에 나섰던 구마모토 현에 비하면 이들 두 캐릭터는 비용이 덜 드는 시정 홍보 차원에서 크게 벗어나고 있진 않다. 고양고양시가 점차 시 차원의 대민 서비스에 캐릭터를 활용하는 모습을 보여주고 있기는 하지만 성과를 좀 더 지켜봐야 하는 상황이다. 그나마 낫다고 할 만한 이들 두 사례에도 부족한 점이 두 가지 있다. 하나는 무엇을 하겠다는 분명한 목표, 또 다른 하나는 바로 상품화 가능성이다.

먼저 목표를 보자면, 목표가 '시정 홍보'와 '대민 서비스용 표식'이기만 하다면, 그럴 수 있다고도 볼 만하다. 하지만 캐릭터를 내세운다는 건 결국 지역 활성화에 쓰일 도구로서 일정한 역할을 기대하는 것이기도 하고, 구마모토가 그러했듯 지역이 활성화하려면 사람이 들고 나야 한다. 이주해올 사람이 생기길 기대하진 않더라도, 캐릭터를 통해 쌓인 인상이 사람을 도시로 이끌 수도 있는 법이기에 결국 그 지역 바깥 사람에게도 먹힐 수 있는 형태가 되어야 한다. 그리고 그 대상은 컴퓨터나 스마트 디바이스에 비교적 익숙한 SNS 이용자 바깥의 일반 대중까지도 포괄해야 한다. 고양고양이와 부천햄썹은 SNS 소통 외에 캐릭터의 생명력을 대중에게 납득시킬 요소가 부족하다. 다른 지역은 말할 것도 없다지만, 이 둘이 전국에서도 화제에 오를 캐릭터가 되려면 지역을 기반으로 해서 어떤 역할을 하겠다는 '인격체'로서의 목표 지점이 보여야 한다. 아닌 게 아니라 저 두 캐릭터는 현재로서는 홍보 담당 직원이 그만두면 그날로 캐릭터 성격 자체가 뒤틀릴 수 있다.

상품화 또한 공공성을 대변하기 위한 목적을 우선한다면 굳이 필요성을 느끼지 않을 수 있다. 물 건너 지역에서 1조를 벌었는데 해치는 20만 원을 벌었다는 게 말이 되느냐는 논조가 나왔기에 굳이 언급하는 바지만, 캐릭터를 쓰는 방향 자체가 다르다면 1:1로 비교할 이야기가 아닐 수도 있다. 하지만 상품화는 단지 돈을 받고 판다는 차원의 문제로 국한되기보다는 얼마나 많은 이의 '모니터

밖 일상' 속에서 그 캐릭터가 함께할 수 있느냐에 직결되는 문제다. 키티와 같은 글로벌 '캐릭터 상품'의 무서운 점이 '어딜 가나 있다' 는 점임을 감안한다면, 지역 캐릭터 상품화는 곧 지역 홍보의 중요한 수단으로 볼 수 있다. 구마모토 현이 내걸었던 방침을 이쯤에서 환기해볼 필요가 있다. "유루캬라로 시작해 판매되는 캐릭터로" 다시 말해 지역 캐릭터에서 판매되는 캐릭터로 진화시키겠다는 선언이었다. 이 방침에 따라 쿠마몬은 라이선스를 홍보비 지출을 대신하는 개념으로 내걸게 됐고, 현 차원에서 직접 상품 제작을 하청 주어 현립 매장에서 파는 게 아니라 온갖 민간 기업이 만든 관련 상품들을 통해 전국으로 퍼져나가게 했다.

쿠마몬은 캐릭터로서 생명력이 담보되었기에 상품화가 가능했고, 상품화를 꾀했기에 전국구 캐릭터로 정립됐다. 고양고양이와 부천핸썹이 그나마 한국에서 관이 주도하는 지역 공공 캐릭터로서 주목을 받고 있지만 이런 부분을 좀 더 고민해야 비로소 '성공 사례'로 설 수 있으리라고 본다. 안타깝게도 서울시를 비롯한 지방자치단체들의 경우는 이보다 전 단계, 다시 말해 캐릭터가 무엇인지부터 다시 생각해야 할 것 같다. 시간과 비용과 인력을 꾸준히 들여서 가상의 인격체 하나를 낳아 기를 각오가 아니라면, 차라리 만들지 않는 편이 나을지도 모르겠다. 공공기관의 지출은 곧 세금이니까.

187

모에, 작은 농촌 마을을 알리다─아키타코마치와 JA우고의 모에쌀

일본 아키타秋田 현에서 나는 쌀 아키타코마치あきたこまち는 코시히카리コシヒカリ와 더불어 일본에서 팔리는 고급 쌀 품종 가운데 하나다. 그런데 아키타코마치가 맛 이외에 화제에 오른 까닭은 바로 모에한 미소녀 일러스트를 채용한 쌀포대 때문이다.

최고 등급 아키타코마치 가운데 8할을 생산하는 곳이 아키타 현의 우고마치라는 작은 마을인데, 이곳의 농업 협동조합인 JA우고JAうご는 2008년 〈셔플!Shuffle!〉 등의 성인용 미소녀 게임에 참여한 인기 일러스트레이터 니시마타 아오이西又葵를 기용해 삿갓을 쓰고 벼 이삭을 들고 있는 미소녀 캐릭터를 쌀포대 전면에 배치해 큰 성과를 냈다.

우고마치에서는 마을 출신 젊은이의 제안으로 마을 내 다양한 명소를 미소녀 일러스트로 표현하는 콘테스트를 개최했는데, 2008년 니시마타 아오이가 이 콘테스트의 게스트로 참여한 것이 인연이 되어 포장 일러스트를 정식으로 의뢰받게 된다. 처음엔 백화점에 납품하려 했으나 대차게 거절당해 할 수 없이 JA우고의 자체 매장에서 판매를 시작했다가 미디어 등의 조명과 오타쿠 계층의 호응에

188

니시마타 아오이의 일러스트를 포장에 담은 JA우고의 아키타코마치. 2014년부터 오른쪽의 2대째 일러스트로 교체됐다. JA우고는 1대 미인 아가씨는 "일반인과 어린이에게 친숙하게 받아들여질 수 있는 캐릭터", 2대 미인 아가씨는 "상냥하게 미소 짓는 미인 아가씨는 귀여움과 함께 평화를 느끼게 해줍니다"라고 언급하고 있다. © 니시마타 아오이

힘입어 2개월 만에 1년 판매량의 2.5배에 달하는 32톤이 팔려나가는 기염을 토했다고 한다. 내용은 같으나 포장만 달리했을 뿐인데 엄청난 호응을 끈 셈이다.

일본 언론들의 관련 보도에 따르면 구매자의 9할은 20~30대 남성이었으며 포장지만 모으고 쌀은 안 먹을 것이라던 우려와 달리 쌀을 맛보고 이후 추가로 연간 주문 계약을 맺은 이용자도 늘었다고 한다. 현재 JA우고는 미소녀 패키지란 이름으로 연간 약 45톤을 주문받고 있으며 이후 지역 농축산물을 가공한 식품과 주류에도 모에 일러스트를 전격 채택하고 니시마타 아오이가 함께하는 투어 프

로그램을 기획해 호평을 얻고 있기도 하다. 마을을 알리는 데 혁혁한 공을 세운 공로를 인정받아 니시마타 아오이는 공로패는 물론 JA우고 건물 외벽에 자신의 쌀포대 일러스트가 내걸리기까지 했으니 참으로 재미난 인연이 아닐 수 없다. JA우고 블로그에서는 니시마타 아오이를 "이 시골을 널리 알려준 여신님"이라고 불렀을 정도. 모에쌀 발매 7년차가 되는 2014년부터는 니시마타 아오이가 그린 2대째 일러스트가 채택됐으며, 니시마타 아오이가 혼인을 발표하자 이를 기념한 무료 배송 이벤트를 진행하기도 했다.

JA우고의 모에쌀이 얻은 호응과 관련해서, 단지 모에 일러스트가 전국의 오타쿠에게 통했다는 차원으로 해석하기보다는 마을을 왜, 어떤 방식으로 알릴 것인가에 관한 고민이 밑바탕에 깔려 있었다는 점에 주목할 필요가 있다. 우고마치 출신의 젊은이가 젊은 세대에게 지역을 알리기 위한 방법으로 오타쿠 문화의 주요 흐름을 끌어들이고 계속해서 추진해오고 있었다는 점, 그리고 이를 마을 어른들이 진지하게 받아들였다는 점을 이 사례에서 빼놓아선 안 된다. 이러한 일련의 흐름에서 만들어지는 이야깃거리야말로 보도자료 없이도 언론 등의 미디어에 실리기 좋다. 또한 사람들은 좋다고 밀어 넣는 것보다는 이야깃거리가 풍성한 것에 훨씬 더 흥미를 느낀다. 한편 오타쿠 문화가 발달한 일본이라 하더라도 처음엔 백화점 입점을 거절당했다는 사실은 중요한 점을 시사한다. 대중 전체의 평균치는 언제나 보수성을 띠며, 이를 아득히 넘는 화제성을 만들어내는 건 '오타쿠 같은 특정 계층에게 회자된다'가 아니라 '안 어울릴 것만 같은 것이 그럴싸하게 접붙었다'에서 오는 스토리텔링이다.

2008년 10월 1일자 《마이니치신문毎日新聞》에 실린 〈아키타 코마치: '모에계' 일러스트로 주문쇄도, 접수 일시 중지―아키타 현 우고마치あきたこまち: "萌え系" イラストで注文殺到 受け付けを一時停止 秋田県羽後町〉라는 기사에는 JA우고 관계자의 발언이 나오는데 이 쌀과 둘러싼 설왕설래 가운데 핵심에 해당하는 부분이라 생각된다.

"문제의 쌀 등이 세간을 시끄럽게 하고는 있지만, 앞으로 농업을 탄탄하게 하려면 젊은 사람들에게도 농산물에 관한 흥미를 품게 해야 한다."

한국에서의 유루캬라

한국에서 유루캬라 개념을 도입한 지역 캐릭터의 기획·개발에 적극적으로 나서고 있는 곳은 현재 한국만화인협동조합 '만화로'가 유일하다.

만화로는 만화 창작자를 비롯해 편집자, 기획자, 연구가 등이 모인 한국 첫 만화 업계인 협동조합으로, 유루캬라가 일본 사례로 국내에 막 소개되던 시점부터 지역을 기반으로 한 만화 연관 콘텐츠의 개발을 꾀해왔다. 현재 만화로는 일본에서 지역을 기반으로 한 만화 업계인 협동조합이 생긴 첫 지역인 니가타 시와 MOU를 맺고 지역 기반 콘텐츠 개발 노하우를 교류하기로 했으며, 국내에서는 경북 청송군 출신 만화가인 은하수 작가의 작품 〈요리스타 청〉을

청송군 출신 만화가 은하수 작가의 작품을 소재로 한 보드게임. 경상북도 코리아콘텐츠랩 스타트업 콘텐츠 제작지원사업 선정작이다. 주사위를 던져 청송군의 유명 관광지를 돌아볼 수 있다. 말로 쓰이는 건 청송군의 특산품인 사과다.

소재로 하여 〈요리스타 청의 청송 마법사과 레시피 보드게임〉을 개발, 출시하기도 했다.

쿠마몬과 아키타코마치가 그러하듯 지역에서 콘텐츠를 활용하기 위해서는 지역 자체가 콘텐츠와 그 수용층을 이해하고 활용하기 위해 직접 움직여야 한다. 청송군은 과연 지역과 캐릭터를 조합한 모범 사례가 될 수 있을까?

이미지 속 맥락의 만화적 재해석

커뮤니티나 SNS를 좀 이용해본 사람이라면 어렵잖게 만날 수 있는 표현 가운데 하나가 '짤'이다. 아예 언론 기사에까지 '여친짤' '남친짤' '인생짤'같이 직접적으로 등장하고 있는 이 표현은 요즘에 이르러서는 마치 '이미지'란 영어 낱말 자체를 완전히 대체한 듯 쓰이곤 한다. 하지만 '짤', 나아가 어원 격인 '짤방'은 인터넷에 기반을 둔 일상 속 커뮤니케이션 속에 다분히 만화스러운 면을 가미하는 장치였다.

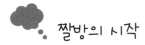 **짤방의 시작**

짤방은 2000년대 초중반 즈음해 초기 인터넷 커뮤니티 문화를 선

도했던 디시인사이드나 웃긴대학(웃대) 등에서 등장했다. 원래는 '짤림 방지'의 준말로, 본문 길이가 어떻든 그림을 한 장 이상 넣지 않으면 게시물을 지우는 규칙이 있던 커뮤니티 게시판에서 '짤리지(잘리지) 않기 위해 무조건 첨부하던 이미지 파일'을 가리키는 말이었다. 이런 게시판의 이용자들은 처음에는 본문과는 상관없이 만화나 애니메이션, 영화 등의 스캔 또는 스틸 화상을 올리는 형태로 활동했다.

짤방은 대부분 단순히 만화나 영화와 같은 시각 콘텐츠의 일부 장면을 무단 발췌, 전재한 것으로 그 자체로는 별다른 의미가 없는 경우가 많았다. 하지만 시간이 지나면서 일부 사람들은 자신이 말하고자 하는 바를 좀 더 효과적으로 나타내기 위한 수단으로써 첨부 이미지를 활용하는 이들이 등장하기 시작한다. 예를 들면 이런 식이다. 힘겨운 일을 모두 마친 후엔 《내일의 죠(도전자 허리케인)》의 유명한 마지막 장면 "다 태웠어, 하얗게"를 붙이거나, 격하게 사고 싶은 물건이 생겼을 때엔 〈심슨 가족〉의 한 장면 "닥치고 내 돈이나 가져가!"SHUT UP AND TAKE MY MONEY를 붙인다. 누군가 도무지 못 봐주겠다 싶은 사람이 있을 땐 "네놈을 살려두기엔 '쌀'이 아까워!"란 문구가 붙은 〈스트롱맨〉 한국어판 비디오테이프 표지를 붙인다.

이렇게 짤방은 일찍이 PC통신 시절 문장만으로는 감정의 다양성을 전달하기 어려워하던 세대들이 ^^나 처럼 특수문자를 이용한 이모티콘을 만들어 썼던 것과 마찬가지로 인터넷 이용자들 사

왕년의 액션스타 척 노리스가 주연한 〈스트롱맨〉. 원제는 〈HIT MAN〉. 지극히 한국적인 일갈이 이제는 등장 자체로 추억 개그의 소재가 되고 있는 척 노리스의 얼굴과 더불어 기묘한 상승효과를 자아낸다.

이에서 본문과는 다른 감정 표현 방식으로 쓰였다.

 ## 짤방, 원 이미지 속 맥락을 해체하다

한데 재밌는 점은 짤방이 원 이미지에 담긴 원래의 맥락을 해체한 결과물이라는 것이다. 보통 이미지에는 시각 정보가 지니고 있는 여러 맥락이 담겨 있다. 작품으로서의 '시각 콘텐츠'라면 작품의 '등장인물'(캐릭터)이 있고, 의지를 담은 대사가 있겠으며, 이들의 성격을 규정하는 캐치프레이즈가 있을 수 있다.

195

앞서 소개한 이미지들 속에서도 잘 드러나지만, '등장인물'들은 각자 앞에 놓인 상황 속에서(또는 작품의 성격 앞에서) 이를 반영하는 표정과 자세를 취하고 무언가 말을 하고 있다. 작품이 아니라도 마찬가지다. 사람들에게 회자될 만큼 재밌거나 독특하거나 어이없는 장면을 담은 '사진'의 경우에도 사실은 그 장면이 찍히게 된 상황과 맥락이 있게 마련이다.

디시인사이드를 비롯해 사진 커뮤니티를 중심으로 형성되었던 초창기 인터넷 문화는 이러한 이미지에서 앞뒤 맥락과 상황을 탈락시키고 오직 그 장면 자체만 오롯이 남겼다. 사람들은 이미지를 취하면서 그 안의 장면과 인물을 원래의 맥락에서 독립시켜 놀잇감으로 삼았다. 이를테면 인터넷 커뮤니티 문화를 형성했던 디시인사이드에서는 개죽이, 개벽이, 싱하형, 을룡타, 취화선과 같은 '캐릭터'가 유행을 탔는데, 이들은 디시인사이드의 성격처럼 실사 화상 속 장면에서 유래해 본인, 동물 자신의 의사(?), 원래의 출처와는 완전히 별개 캐릭터로서 다양한 패러디 대상이 되기도 했다.

짤방은 이러한 탈맥락 놀이의 연장선에서 발전했다. 캐릭터만 빼는 걸 넘어, 멀쩡한 남의 작품 속 장면 자체를 써먹기 시작한 것이다. 이를테면 '지름신'이라는 이름으로 자주 등장한 캐릭터를 보자. 이 캐릭터는 일본 만화 〈지상 최강의 남자 류地上最強の男 竜〉의 예수 그리스도로, 해당 장면에 나오는 원래 대사는 "나는 류라는 놈을 반드시 죽이겠다!"わたしはかならず竜を殺す!다. 장면 자체의 강렬함을 이용해 캐릭터 자체를 완전히 다른 설정(?)으로 재탄생시켰다.

196

지름신. 원래는 〈지
상 최강의 남자 류〉
의 한 장면
ⓒ 카제 시노부風忍

짤방은 '장면' 자체도, 또는 장면 속 캐릭터도 원래의 맥락과는 아무런 연관이 없는 형태로 재해석한 끝에 그 이미지 자체를 이모 티콘화한다. 다시 말해, 이미지를 첨부한 사람이 첨부한 지점/시점 에서 어떤 심정인지를 말하기 위해 동원하는 '글 이외의 기호'로서 쓰이는 셈이다. 중요한 건 의미의 해체보다 그다음이다. 그 이모티 콘이 어떤 의미로 쓰일지는, 전적으로 첨부한 사람의 의도에 따라 달렸기 때문이다. 이 과정에서 이미지는 원래의 의미가 해체된 대 신 첨부한 사람의 의도에 따라 재조립된다. 첨부한 사람이 부여한 새로운 맥락과 의미에 따라 완전히 다르게 해석되는 것이다. 원 의 미와의 간극이 크면 클수록 효과는 극대화된다.

짤방보이와 조삼모사―이용자 참여형 짤방

UCC(손수제작물, User-Created Contents. 원래는 User-Generated Content)
라는 화두가 화제를 모았던 2006년에는 '참여형 짤방'이라는 사례
가 등장했다. 〈짤방보이〉와 〈조삼모사〉가 그것이다.

〈짤방보이〉는 '느닷없이 주먹질하는 리젠트 머리 소년(?)'의 그
림이 원전으로, 어이없고 썰렁한 개그를 날린 친구에게 웃어주다가
느닷없이 주먹을 날리는 반전 개그가 인상적으로, 윈도 그림판으로
만 그려 허술함을 주는 구성과 마지막의 '피박살 주먹질'이 주는 강
렬함이 대비된다. 만화가 인기를 끌면서 사람들은 마지막 장면을

〈짤방보이〉. 원본을 지나 패러디가 덧붙으
며 메텔은 "철아"를 외치고 신도 히카루는
"신의 한 수다!"를 외친다.

198

〈조삼모사〉 원본과 패러디들
ⓒ 고병규

떼어 "가드 올려라!" "가드 올려도 소용없다!" "추천하면 가드 내려도 됨♥" 따위 문장을 달아 애교스럽게 협박(?)하는 용도로 쓰기 시작했다. 그리고 이윽고 '짤방보이'란 별명이 붙으면서 마지막의 주먹질하는 장면 속 표정과 구도가 원전에서 독립(?), 여러 만화나 애니메이션 속 캐릭터들을 패러디한 '시리즈'로 진화하기 시작했다.

〈짤방보이〉가 시들해질 때쯤 등장한 〈조삼모사〉는 〈파이팅 브라더〉〈먹통X〉로 이름을 알린 만화가 고병규가 자기 미니홈피에 올린 두 칸짜리 만화다. 한자숙어인 '조삼모사'에 담긴 이야기를 두 칸 안에 절묘한 반전으로 풀어낸 개그는 간단하면서도 깊은 내공을 보여주었는데, 사람들은 〈짤방보이〉 때와는 달리 그림이 아니라 말 칸 안의 대사만을 바꾸는 방식으로 패러디를 했다.

〈조삼모사〉 패러디가 화제를 모으자 작가는 저작권을 요구하지 않겠노라 선언함으로써 폭발력을 한층 더했다. 〈명견만리〉라는 TV 강연 프로그램은 2015년 3월 25일자 방송분에서 창조가 독점이 아닌 공유를 통해 이루어지는 최근 현상에 관해 언급한 바 있는데, 서태지가 〈크리스말로윈〉의 음원 기초 데이터를 전면 공개해 재창조의 길을 연 사례가 소개된 바 있다. 고병규의 〈조삼모사〉 공개 선언은 말하자면 서태지와 마찬가지로 공유를 통해 발현되는 창조적 에너지의 가능성을 보여준 사례였다. 〈조삼모사〉는 메시지 면으로도 화제였는데, 현실 앞에 비굴해지는 원숭이에 자의적, 자조적으로 자신을 대입하는 해석과 함께 사회적 이슈로 떠오르기도 했다.

200

서태지의 〈크리스말로윈〉 공연 포스터

〈짤방보이〉가 이른바 '연예인 굴욕 시리즈'와 비슷한 뉘앙스를 띠는 망가뜨리기, 뒤집기의 묘미를 보여준다면 〈조삼모사〉는 그림의 주체를 '나'로 확장시키는 재해석을 보여주었다. 〈조삼모사〉에 이르러 짤방은 기호로서의 이모티콘을 넘어 원전과는 다른 이야기를 담아내는 틀로 확장될 수도 있음을 보여주었다.

짤방, 내 생각을 남의 이미지로 연출하는 도구

짤방이 한창 2차 창작 형태로 제조되던 때에는 이미지 속 맥락의 재해석을 넘어 공동 창작이 가능한 도구로 좀 더 발전할 수 있을 것이라 기대했다. 조금 더 오버하자면 짤방이 텍스트와 달리 이야기하고자 하는 바를 한 장의 이미지 안에 함축한다는 의미에서 다분히 카툰적인 요소가 있으며 또 다른 만화의 장르로서 발전할 가능성이 있다고 내다본 적도 있었다.

하지만 약간 안타깝게도 〈조삼모사〉만큼 2차 창작이 폭발적으로 진행된 짤방감이 더 등장하지는 못했다. 짤방은 나날이 이용 사례가 확장하며 '짤'이란 표현으로 한층 더 축약되고, 이윽고 맥락 해체라는 차원을 아예 넘어 이미지 그 자체를 가리킬 만큼 일반적인 낱말로도 전이해갔다. 여러 이미지를 한 프레임 안에서 보여주어 간단히 움직이는 장면을 연출할 수 있는 GIF 포맷은 움직이는 짤방이라 하여 '움짤'이란 표현으로 널리 쓰이기 시작했지만 이 또한 걸그룹 무대 직접촬영 영상(직캠)의 장면 캡처들에서 볼 수 있듯 어느 사이엔가 '동영상은 아닌데 움직이는 이미지' 정도로도 쓰이고 있다. 잘림 방지용 규칙에서 태어난 첨부 이미지가 어느 사이엔가 '넓은 의미'와 '좁은 의미'로 뜻을 구분할 만큼 의미가 확장한 셈이다.

비록 기대했던 만큼의 진화에는 실패했지만, 의미가 확장했다는 점은 인터넷 커뮤니티만의 소수 문화를 넘어서 일반화했다는 의미기도 하다. 최근에는 역으로 TV 예능 프로그램들에서 짤방으로 회자되는 이미지들을 자막과 함께 삽입하는 추세인데, 장면마다 전달하고자 하는 재미를 비틀어 압축하려는 강박의 결과물이라 할 수 있겠지만 반면 대중적인 회자로 연결됐다는 해석도 가능하겠다.

넓은 의미로는 이미지 그 자체를 일컫는 듯한 말이 됐지만, 좁은 의미에서의 짤방은 여전히 '원전의 맥락 해체'와 '재해석'이라는 단계를 거친다. 움짤도 이 범주에서 크게 벗어나지 않는다. 트위터나 페이스북이 예전과 달리 움직이는 GIF 포맷을 직접 보여주는 기능을 추가한 데 이어 트위터가 아예 공감용 움짤을 공식적으로 지원하는 대목에 이르러서는 '움짤'의 쓰임새가 명확히 드러난다. 아이

트위터는 2014년 6월 18일부터 움직이는 GIF를 지원하기 시작했으며 2016년 2월 25일부터는 아예 필요할 때 바로 쓸 수 있도록 미리 GIF로 제작된 짤방거리들을 쟁여서 늘어놓기 시작했다.

폰 등에서 직접 지원하지 않아 사장될 것으로 전망됐던 움직이는 GIF가 오히려 기세등등해진 모양새다.

만화 쪽에서는 아예 네이버 웹툰이 스마트폰용 웹툰 뷰어에 웹툰의 장면을 공유하고 놀 수 있는 기능인 '겟!짤' 기능을 2016년 1월 13일 이후 추가한 상태다. 콘텐츠의 장면을 일상에 침투시킴으로써 마케팅 효과를 배가하려는 전략인 셈인데, 다른 매체와 달리 이미지가 칸 단위로 명확하게 끊어지면서 칸 안에서도 나름의 맥락이 존재하는 만화의 특성이 '짤방'과 가장 잘 맞아떨어진다는 점이 새삼 다시 부각된다. 이를 바꿔 말하면 짤방은 어떤 이미지를 붙인다 해도 첨부한 사람의 의도에 따라 배치되고 맥락을 부여한다는 점에

서 여전히, 그리고 다분히 만화적인 특성을 지니고 있다. 말하자면, 내 생각을 남의 이미지를 이용해 만화로 연출하는 도구인 셈이다. 다만 독립 장르로 진화하기보다 특성 자체가 희석되는 형태로 쓰이게 된 점이 다소 아쉬울 따름이다. 아울러 일부 공식 채용 사례에도 불구하고 대부분이 여전히 저작권 침해 소지에서 자유롭지만은 못하다는 점도 말이다.

짤방스러운 스타일을 웹툰 연출에 적극적으로 차용한 작품으로는 가스파드의 〈선천적 얼간이들〉을 빼놓을 수 없다. 이후 MBC 〈무한도전〉에 출연하기도 한 가스파드 작가는 자신과 주변 인물들

〈선천적 얼간이들〉
© 가스파드

206

을 의인화해 등장시킨 〈선천적 얼간이들〉로 단숨에 인기 개그 만화가의 자리에 올랐다.

도전 만화 게시판에서부터 숱한 독자를 뒤집어놓은 〈선천적 얼간이들〉의 강점은 시쳇말로 '쓸고퀄'(쓸데없이 고퀄리티)을 보여주는 작화, 본인과 주변 인물을 망설임 없이 망가뜨릴 줄 아는 개그 감각, 그리고 인터넷 게시판 또는 SNS의 최근 트렌드를 잘 반영하는 대사(속칭 '드립')들이다. 그리고 이를 잘 묶어 비교적 균일한 칸 안에 담아놓음으로써 한 칸 한 칸을 상황에 따라 떼어다 쓰기 아주 용이하게 만들어놓았다. 이 작품의 장면 장면은 마치 TV 예능 프로그램의 스틸숏을 캡처해 붙여놓은 듯한 인상이어서 TV 예능 전성시대의 독자들 구미에 너무나 잘 맞아 떨어졌다.

짤방이 태동한 디시인사이드 등의 게시판은 비교적 사진과 영상 캡처를 이용한 쓸고퀄 패러디물이 넘쳐나는 곳이었다. 카메라 커뮤니티를 시작점으로 삼다 보니 만화를 중심으로 한 오타쿠 문화가 강세를 이루던 일본과 달리 실사 인물과 영상 속 인물을 비틀어 만들어낸 캐릭터가 유난히 많았다. 〈선천적 얼간이들〉은 칸의 크기와 배치를 다채롭게 전개하는 출판만화와 달리 비교적 균일한 웹브라우저 스크롤을 통해 내용을 전개하는 경향이 다소 강한 웹툰에서 짤방으로 패러디될 만한 각종 대중문화 속 장면들을 매우 그럴싸하게 버무려놓은 작품이다. 게다가 이걸 떼어다 쓰기도 좋게 만들어놨으니, 〈선천적 얼간이들〉은 그야말로 짤방 문화의 적자라고 해도 과언이 아니다.

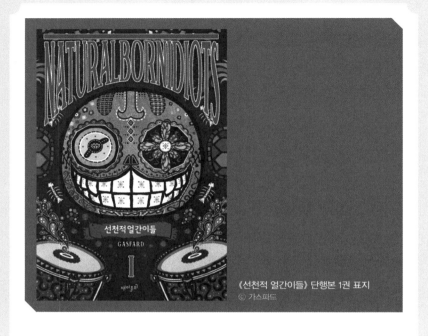

《선천적 얼간이들》 단행본 1권 표지
ⓒ 가스파드

  짤방 자체는 창조적 장르로 더 발전하거나 만화의 한 갈래로 정
착하지는 못했지만, 그 속에서 태어난 일련의 키치스러운 문화와
재미는 〈선천적 얼간이들〉과 같은 작품을 만들어냈다. 짤방의 만화
적 활용과 효과에 관해 언급할 때 빼놓지 말아야 할 작품이라 할 법
하다. 다만, 가스파드 작가가 후속작에서 이 작품만 한 반향을 일으
키지는 못하고 있다는 점이 마음에 걸릴 따름이다.

《선천적 얼간이들》

완결 (네이버 웹툰 / 2012. 6~2013. 10)

단행본 1~4권 출간

병맛

조롱을 내재화한 이 시대의 산물

인터넷 방송 문화를 공중파로 끌어들여 연일 화제를 모으고 있는 〈마리텔〉(마이 리틀 텔레비전) 최근 방송분에 이말년 작가가 등장해 1위를 휘어잡는 기염(?)을 토한 바 있다. 만화가의 TV 예능 출연이라는

이말년

점에서도 화제였지만, 무엇보다도 '병맛 만화'의 대표 주자로 꼽히는 이말년 작가가 TV라는 압도적 대중 노출 창구를 장악하는 모습은 꽤나 신선한 충격이 아닐 수 없었다.

이말년의 공중파 정복은 2000년 중반에 형성돼 인터넷 문화의 한 변종으로 취급되던 '병맛'이 만화 독자를 넘어 일반 대중 속에서 나름의 시민권을 획득한 결과로 읽힐 법하다.

 ## 병맛, 엽기·폐인과는 다른 무언가

2000년 초반 형성되기 시작한 인터넷 문화를 대표하는 키워드는 '엽기'와 '폐인'이었다. '엽기토끼'로 불리던 〈마시마로〉나 전지현-차태현의 감칠맛 넘치는 연기가 인상 깊었던 〈엽기적인 그녀〉가 선풍적인 인기를 끌었고, 초기 인터넷 커뮤니티 문화를 적극적으로 만들어내던 이들은 스스로를 '폐인'으로 부르기 시작했다. 지금은 방송인으로도 화제를 몰고 다니는 김풍의 대표작이 바로 이 '폐인'을 소재로 삼은 만화 〈폐인가족〉이었고 오타쿠들을 다룬 만화 《현시연》의 한국어판은 "일본에 오타쿠가 있다면 한국엔 폐인이 있다"라는 문구를 띠지에 넣기도 했다.

엽기와 폐인의 공통점은 세 가지다. 낱말의 뜻 자체가 원래는 극도로 부정적인 용어라는 점, 이 부정적인 용어가 화자 자신을 희화화하기 위한 용어로 쓰이며 유머로 승화했다는 점, 그리고 마지막

〈엽기적인 그녀〉 포스터
ⓒ 신씨네

《현시연》 3권 뒤표지
ⓒ 키오 시모쿠 木尾士目

김풍 작가의 〈폐인가족〉
ⓒ 김풍

으로 적극적인 일탈욕을 담고 있다는 점이다. 폐인은 사진 커뮤니티를 기반으로 한 각종 패러디 콘텐츠 양산을 통해 근엄함과 권위의 팔을 비틀어 올린 사람들이다. 이들이 내뱉곤 하던 '아햏햏'은 발음법조차 명확치 않은 의미 불명의 단발마로 이전까지의 상식선에 이들이 어떤 관점을 보여주었는지 가장 잘 보여준다 해도 과언이 아니었다. 집단화한 폐인들이 영위하고 만들어내던 놀이문화 상당수가 '정상적이지 않은 무언가'를 가리키는 엽기로 귀결되며 폐인과 엽기는 서로 생산자와 생산물의 관계를 갖추었다.

이를테면 폐인의 정체성을 대표하던 영화 〈취화선〉 포스터 패러디가 "세상이 뭐라 하든 나는 나, 아햏햏이요"를 외치고 양화 〈엽기적인 그녀〉는 기존의 순종적이고 착하던 여성상을 완전하게 전복시켰다. 플래시 애니메이션 〈마시마로〉는 '토끼' 캐릭터에서 으레 생각할 수 있는 온순함을 뒤집는 반전을 선보이며 인기를 끌었다. 폐인과 엽기는 기존 질서에서 일탈하고자 하는 심리가 함축된 키워드였던 셈으로, 용어의 부정적인 어감에도 비교적 가벼운 유머로서 받아들여졌다.

한데 2000년대 중반 무렵 등장하기 시작한 '병맛'은 폐인과 엽기와는 달리 용어의 형성 단계에서부터 다분히 조롱에 가까운 어감을 내포하고 있다. 병맛의 '병'은 다름 아닌 '병신'의 병으로 말 그대로 몸에 장애를 지니고 있는 이들을 조롱하는 데 쓰는 인신공격적, 차별적 어휘이자 욕 그 자체다. 엉망진창인 현실에서 벗어나려는 심리를 놀이문화로 승화한 게 폐인과 엽기라면, 병맛은 말 그대로 성

최민식이 주연한 〈취화선〉의 포스터 원본(왼쪽)과 이를 의미 불명의 외침으로 바꿔놓은 〈아행행〉. 폐인 놀이의 초기를 장식했다.
© 태흥영화주식회사

에 차지 않고 모자라다고 여기는 대상을 향해 "병신 같은 맛이 난다"라 외치며 비웃고 깔보는 데 쓰는 말이었다.

 ## 병맛, 만화와 만나 장르로 완성되다

병맛의 코드화란, 병신 같다는 조롱을 자처할 만큼 조악한 모양새를 갖추며 정립된다. 원래 솜씨가 좋은데 일부러 그러든, 솜씨가 안 좋아서 그 수준밖에 안 나오든 어쨌든 통상적인 시선으로는 품질을 논하기도 어려울 것 같은 모양새를 보란 듯이 들이대고 '병신 같다'

213

는 조롱을 기꺼이 듣고 마는 것이다. 난감하거나 난해한 옷차림을 입고 대로변에 등장한 경우 "이 정도로 당당하면 이건 패션이다"라는 말이 나오곤 하는데, '병맛'을 표방한 대상에 쏟아지는 반응이 이와 결이 같다. 이 정도로 아예 대놓고 허술하면 콘셉트와 스타일로 받아들이는 경향이 생기는 것이다.

이러한 '병맛'이 자신을 구현할 최적의 장르로 선택한 게 만화다. 이야기를 시각으로 맥락화하는 특성을 지니고 있으면서 시각적 자극을 창작자가 직접 제어할 수 있는 만화적 특성이 병맛과 만나자 독특한 폭발력을 냈다. 시각적인 조악함을 들이대며 이야기의 맥락을 조절해 어느 시점에서 보는 이들의 얼을 빼놓을 수 있는 매체로서는 만화만 한 게 없었기 때문이겠지만, 덕분에 병맛은 만화와 만나며 '병맛 만화'라는 독특한 장르화를 이루게 된다. 병맛 만화의 최종 목표는 감동이나 동감이 아니라 얼마나 "아 정말 병맛

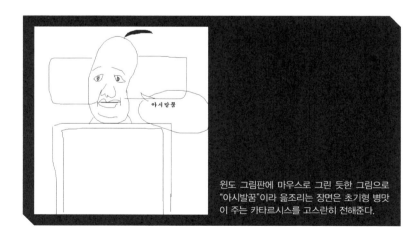

윈도 그림판에 마우스로 그린 듯한 그림으로 "아시발꿈"이라 읊조리는 장면은 초기형 병맛이 주는 카타르시스를 고스란히 전해준다.

나네"라는 허탈한 감탄사를 뽑아내는가 하는 것이다.

이 감탄사는 어감만으로는 "아 X발 진짜 병신 같네"(!)에 가깝다. 때문에 전개상으로는 기승전결이 아닌 기승전'병'스러운 부조화가, 캐릭터로서는 화자 스스로가 일상성에서 적잖게 벗어나 있는 쪽이 유리하다. 이 '부조화'와 '벗어난 정도'가 강하면 강할수록 해당 장면과 함께 회자된다. 이 사이에서 앞뒤 맥락은 아무런 연관을 보여주지 않는데, 그래도 상관없다는 점에서는 어느 정도 짤방과도 연관성을 지니고 있다. 짤방이 맥락이 해체된 장면 자체로 회자되는 데 멈췄다면 병맛 만화는 오히려 장르로서의 생명력을 유지해가고 있다는 점에서 차이가 있다 하겠다.

현재까지도 병맛의 대표주자라 하면 역시 이말년 작가와 귀귀 작가를 꼽을 수 있다. 귀귀 작가는 대체 뇌에 뭐가 들었는지 모르겠다 싶을 정도의 부조리한 인물과 전개를 내세우다 방송통신심의위원회와 《조선일보》가 지정한 청소년 유해 작가의 자리에 오르기도 했고, 이말년 작가는 장면 장면이 죄 짤방감으로 쓰일 만큼 강렬한 어이없음을 선사했다. 이 두 작가는 현재에 이르러서는 그래픽적인 실험을 선보이는가 하면(귀귀), 대사의 강렬한 페이소스를 유지하면서도 사회 풍자를 녹여내거나 고전의 재해석을 시도하는 등(이말년), 병맛 만화를 단지 자학 개그의 한 분파에 머무르지 않게 하는 가능성을 보여주고 있다.

여기에 지극히 진지하게 어이없는 장면을 돌출시켜 순간 할 말을 잃게 만드는 컷부 작가나, 작가가 화자면서 스스로를 '병신'이

215

〈이말년 시리즈〉
© 이말년

〈귀귀 갤러리(귀갤)〉
© 귀귀

〈소년들은 무엇을 하고 있을까〉
© 컷부

〈레바툰〉
© 레바

라 자처하는 데 거리낌이 없는데다 '항암제 복용'을 비롯해 장면 장면이 SNS 트렌드에 걸맞은 짤방감인 레바 작가의 작품들은 병맛 만화가 어떤 맛을 낼 수 있는지를 재기발랄하게 보여주는 사례들이다.

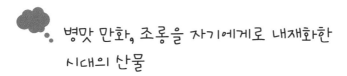

병맛 만화, 조롱을 자기에게로 내재화한 시대의 산물

병맛 만화는 인터넷 문화와 웹툰이 결합해 태동한 새로운 만화 장르다. 사실 어원부터가 상대를 향한 조롱을 담은 어휘 중에서도 선두주자 격인지라(차라리 차별적인 어감이 없는 '등신'을 썼다면 어땠을까!) 이 표현이 함의에 관한 대중적 조율 없이 이름으로 굳어진 게 난감하긴 하다. 하지만 어쨌거나, 병맛 만화는 욕으로나 쓰일 '병맛'을 넘어 그 자신이 콘텐츠로서 조악함을 표방하거나 아예 스스로를 '병신'으로 깎아내려 놓음으로써 "병신 같다"는 조롱과 감흥마저 작품을 이루는 구성 요소로 만든다.

욕하는 쪽이나 욕을 먹는 쪽이나 욕을 주고받는 상황을 스포츠로 즐기는 듯한 인상인데, 비교를 하자면 TV 코미디 프로그램에서 오래도록 계보를 이어 오고 있는 바보 캐릭터들을 떠올릴 법도 하다. 이를테면 '비실이' 고故 배삼룡과 "못생겨서 죄송합니다"를 외치던 고故 이주일을 비롯해 영구 심형래, 맹구 이창훈에서 심현섭,

217

정준하, 윤성호 등이 연기해온 바보 캐릭터들은 '잘나고 잘생기고 똑똑한 남네들'의 세상에 치인 사람들에게 웃음과 위안을 안겨주는 존재들이었다. 정치적으로 엄혹하고 어렵던 시기 정치 풍자가 틀어막혔던 코미디는 바보 캐릭터를 조롱받는 캐릭터로 선택했고, 이후 나름의 전통과 계보를 만들어왔다.

병맛 만화를 통해 느낄 수 있는 카타르시스는 형태 면에서 볼 때 바보 코미디가 추구하는 부분과 상당 부분 비슷하다고 볼 수 있는데, 어원에서도 드러나지만 그 감정의 색채는 바보 코미디보다 한층 더 어둡다. 또한 조롱의 방향이 공인, 강자를 향하지 않고 자학과 자조적인 형태로 발현됐다는 점에도 주목할 필요가 있다. "이 시대 루저 문화의 반영"이라는 혹자의 평가에서도 볼 수 있듯, 병맛 만화는 어쩌면 스스로와 서로를 루저로 규정하고 비웃는 데서 불쾌감조차 느끼지 않게 된 시대의 민낯을 고스란히 반영하고 있는지도 모르겠다.

시간이 지나며 조롱의 의미는 점차 희석되고 그림도 이야기도 갈수록 품질을 갖추고 있다지만, 그리고 대중 사이에서도 코미디 중 하나로 널리 인식되는 수준에 이르렀지만, 병맛의 페이소스를 '재미'로 느낄 수 있게 된 배경을 생각하면 약간은 쓸쓸한 뒷맛이 남는다.

생각할 거리들

엽기 만화·악취미 만화·병맛 만화가 미묘하게 다른 길을 걸은 맥락

1990년대 말 이후 정립하기 시작한 초기형 인터넷 만화의 가장 큰 특징으로는 개인 단위가 홈페이지 공간을 통해 독자를 직접 만들기 시작했다는 점을 들 수 있다. 말하자면 데뷔를 위해서 출판사 단위 공모전에 작품을 출품하기보다 자기 만화를 보러 오는 독자를 만들어 반응도를 끌어모은 후 이를 토대로 다음 단계 진출을 꾀하는 일종의 포트폴리오 역할을 했던 것이다. 여기서 다음 단계란 연재처 확보(강풀, 〈지치지 않을 물음표〉 → 포털 다음 진출)일 수도 있고 책 출간(심승현, 〈파페포포 메모리즈〉 → 단행본 인기)일 수도 있으며 업체 취직(정철연, 〈마린블루스〉 → 캐릭터 라이선싱 업체 킴스라이센싱 취직)이 될 수도 있었다.

이런 '반응도 확보'를 위해 많은 이가 선택했던 소재는 크게 '감성'과 '엽기'로 나뉜다. 이 시기 많은 이가 포트폴리오 역할을 하는 원고에 힘을 기울이기보다 단발적이고 반응을 얻어내는 데 적합하게끔 짤막하고 감성적인 감흥을 주는 원고를 만들었다. 이때 감성적인 에세이나 경험담을 주 소재로 삼다 보니 이 시기 만화를 지칭하는 표현으로 '에세이툰' '감성툰' '카툰 에세이' 등의 용어가 많이 쓰였다.

이와는 달리 강렬한 충격요법을 꾀하는 이들이 있었는데, 지저분한 소재를 과감히 차용해 사람들의 넋을 빼놓는 식이다. 2003년 〈순정만화〉로 웹툰의 기틀을 세우다시피 했던 강풀이 온라인 활동 초반 택했던 '똥 만화' 전략의 산물이나 정신이 알싸해지는 듯한 언어유희로 보는 이를 쥐락펴락했던 '메가쇼킹' 고필헌의 〈쾌변만화 알타리 써비스〉 등이 대표적이다. 마침 이 시기는 〈엽기적인 그녀〉를 비롯해 뭔가 비정상적이고 괴이한 정신 상태에서 즐거움을 느끼는 '엽기' 조류가 온라인을 출처 삼아 대세를 이루고 있던 때였다.

이렇게 훈훈한 감동을 자아내는 데 집중한 소위 '감성툰' 계열 만화들과 엽기 발랄한 발상을 있는 그대로 드러내던 '엽기' 개그 만화는 웃음이라는 공통분모를 지니고 있었다. 감동하든 공감하든 또는 넋을 놓고 어이없어 하든 어쨌든 사람들에게는 웃긴 무언가가 필요했다. 때마침 〈개그콘서트〉〈웃찾사〉 등의 TV 개그 프로그램이 등장하며 가벼우면서 속도감 있는 웃음에 대중이 익숙해졌고, 이것이 한국 인터넷 환경의 특징이었던 신속한 전파력과 편리한 접근성과 맞물리며 인스턴트적인 웃음을 유발하는 만화들이 각광을 받았던 것이다.

흔히 이 시기를 장식한 만화들에서 '일상성'을 추출해 쉽게 소재를 뽑아낼 수 있는 일상 만화의 범람이라 해석하기도 하지만, 일상을 재미있고 보기 좋게 재구성하는 일이 생각보다 어려운 일임을 감안하자면, 이 시기를 단순히 소재의 단순화로 설명할 수만은 없

220

정신줄을 놓은 듯한 전개와 막 그은 듯한 선이 당시로서는 파격적이었던 《멋지다 마사루すごいよ! マサルさん》
ⓒ 우스타 쿄스케ぅすた京介

해학적이기까지 했던 맛깔 개그 만화 〈미스터 부〉. 2부에 이르러서는 정치 풍자 개그의 영역까지 건드린 바 있다.
ⓒ 전상영

〈마음의 소리〉는 얼마 전 웹툰으로는 쌓기 힘든 1000회 연재를 달성했다. 누적 조회수 50억 뷰
ⓒ 조석

221

는 부분이 있다. 결국 시대가 원하는 웃음 코드의 변화가 인터넷 만화의 정립기와 맞물린 것으로 보는 편이 타당할 것이다.

한데 일본 만화를 좀 봤다 하는 사람이라면《우당탕탕 괴짜가족》과《멋지다 마사루》를 기억할 것이다.《우당탕탕 괴짜가족》이 뭔가 형용할 수 없는 감정을 불러일으키는 그림과 일면 혐오감을 불러일으킬 듯한 내용으로 얼을 빼놓았다면《멋지다 마사루》는 도무지 제정신으로 그렸다고는 보기 어려울 것만 같은 폭주를 보여준다.

소재부터 전개 방식, 그림체에 이르기까지 독자까지도 정신줄을 놔줘야 즐길 수 있는 이런 만화는 '엽기' '악취미' 조류로 해석되며 국내에서는 쉬 시도되기 어려운 장르로 취급받았다. 우리나라에서 1990년대 말엽까지 이들 일본식의 '정신줄 놓는' 만화를 구현한 만화는 〈미스터 부〉 정도가 유일했는데, 초고속 인터넷의 정립과 더불어 디시인사이드 유의 커뮤니티 문화가 본격화하며 소위 '폐인'으로 지칭되는 코어 인터넷 이용자층이 형성되고 이들 사이에서 유행하는 독특한 화장실 개그 문화가 구축된다. 〈폐인가족〉은 이러한 인터넷 이용자층의 생태를 조명하며 엽기 문화의 조명자 역할을 한 작품이다.

포털 사이트인 다음에 이어 네이버가 2005년 웹툰 연재란을 열면서 웹툰은 양적 팽창기를 거치게 된다. 〈마음의 소리〉는 일상을 그럴싸한 개그 감각으로 포장하면서 그다지 좋지 않은 그림 실력까지도 개그의 원천으로 승화해내는 모습을 보여주는데, 이는 마치 코미디에서 배삼룡, 이주일, 심형래, 이창훈, 정준하로 이어지는 바보 캐릭터 계보의 최근방 형태를 보는 듯한 기분을 느끼게 한다. 하지만 여기까지는 아직 '엽기 개그'의 선이었고,《멋지다 마사루》나 〈미스터 부〉가 시대를 앞질러 선보였던 악취미 만화가 인터넷을 통해 명확하게 장르화하기까지는 약간의 시간이 더 걸렸다.

이러한 악취미 개그, 엽기 개그가 모니터 속 웹툰이라는 형식 파괴적 만화 매체를 만난 결과 등장한 것이 바로 '병맛 만화'다. 병맛 만화는 소재나 전개, 그림체 모든 면에서 모든 상식과 문법을 철저히 파괴하는 데서 오는 카타르시스를 노린다는 점에서 앞서의 악취미, 엽기 소재 만화들과는 구별되는 면을 보인다.

김탁봉, 잉위 등 커뮤니티 등지에서 활동하며 윈도 그림판에 마우스로 그은 듯한 그림으로 그리는 만화를 선보이던 이들이 초기형 병맛 만화를 선보였지만, 흔히 병맛 만화라고 하면 포털 웹툰 연재란을 통해 대중을 휘어잡은 이말년과 귀귀를 떠올리는 이가 많다. 이말년이 다채로운 소재 선택과 풍자력으로 동시대를 살아가는 젊은 세대의 애환을 자극하는 면이 있다면 귀귀는 독자가 설마설마하며 지키고 있던 심리적 마지노선을 아무렇지도 않게 깨트리는 부조리 개그로 기묘한 중독성을 제조했다.

2000년대 중반 들어서는 짤방 놀이문화가 만화적 코드를 입고 활황세에 올랐다. 짤방은 앞 장에서 언급한 바와 같이 맥락과 서사의 해체, 그리고 자발적 재조립을 특징으로 한다. 저작권 위반이라는 점을 살짝 눈감자면, 짤방은 인터넷을 기반으로 한 놀이이자 시각 이미지를 만화적으로 재해석하는 어느 한 시기의 문화였다. 하지만 만화의 한 장르 형식으로서 발전하지는 못한 채 놀이에서 그치게 되는데, 병맛 만화는 이러한 짤방이 더 이상의 창조적 행위로 연결되지 못하던 시기에 등장했다. 맥락 해체와 부조리한 전개, 어이없는 결말을 통한 카타르시스라는 점에서 짤방의 자산을 창조적으로 계승한 시각 문화의 한 장르다.

병맛 만화는 태생적으로 소재와 표현에 한계를 두지 않고 틀에 얽매이지 않는 표현이 중심이 된다. 소위 언더그라운드 병맛 만화와 대중적 인기를 획득한 오버그라운드 병맛 만화에는 그저 '등신 같은데 웃긴' 데 그치지 않고 사람들의 입에 오르내릴 수 있는 무언가를 갖추고 있는가라는 중요한 차이점이 있다. 병맛 만화는 비록 불쾌해 보인다거나 폭력을 조장한다거나 하는 시비로 한때 애먼 시비의 중심에 서기도 했지만, 기실 이들만큼 지금 젊은이들의 심정과 현재를 잘 풍자한 만화도 드물다. 2010년 이후 언론들은 이들의 만화를 루저 문화의 반영이라 조명하기도 한다.

이말년, 귀귀 등 병맛 만화의 한 시절을 풍미한 이들이 점차 고전에 손을 대거나(《이말년 서유기》) 회화 영역을 넘나들거나(《귀귀 갤러리》) 하며 폭을 넓혀가고 있음을 보자면 다음 단계의 웃음은 결국 질로든 표현으로든 '확장'을 꾀하게 될 것 같다. 웹툰 독자들이 10년 차를 찍은 웹툰 바닥과 함께 나이를 먹어가면서 점차 단발적이기만 한 것에 만족을 못 하게 된 점도 이들을 채찍질할 것이다. 다행스럽다면 다행스러운 이야기. 벌써부터 다음 단계가 기다려진다.

츤데레에서 얀데레까지

상반된 마음의 간극을 부품화하다

오타쿠가 한국에서 오덕이 되고, 그들이 '능력자'로 포장되는 시점에 이르면서 오덕 문화 상당수가 대중문화의 전면에 등장했다. 전술했던 바와 같이 소문난 오덕들은 공중파에서 적당히 뜨뜻미지근한 눈빛과 함께 대중 사이에 끼어들기 시작했다. 심형탁, 데프콘, 레인보우 김지숙 등의 소장 컬렉션(?)은 이제 새로운 일도 아니다.

놀라운 사실은 이들과 함께 오덕스러운 어휘들이 번역판 만화나 라이트노블을 넘어 공중파에까지 아무렇지 않게 등장하기 시작했다는 점이다. '코스프레'야 국내에서도 역사가 어느 정도 됐으니 그렇다 치지만, 이외의 용어들이 별다른 해설 없이 공중파 예능 자막에 깔리기 시작했다는 점은 꽤 놀랍다. 그 놀라움의 중심에 '츤데레'가 있다. 2016년 8월부터 방송을 시작하는 지상파 TV 드라마의 공식 소개를 장식한 '츤데레'의 사례를 보자.

● KBS2 월화 드라마 〈구르미 그린 달빛〉 공식 작품 소개

"한 나라의 세자가, 내시와 사랑에 빠졌다! 츤데레 왕세자 이영과 남장 내시 홍라온의 예측불허 궁중위장 로맨스"

웹소설 원작 TV드라마 〈구르미 그린 달빛〉 포스터
© 윤이수 / KBS

 츤데레, 성격 모에의 대표주자

앞서 '모에'라는 개념에 관해 설명했다. 정리하자면 '극단적으로 부품화한 취향' 코드의 집합체로서, 2차원에 구현된 미소녀 캐릭터를 구성하는 요소들을 뭉뚱그려 설명하는 표현이라 할 수 있다. 현재는 미'소녀'를 넘어 성별은 물론 현실 속 인물을 대상으로도 쓰이는 개념이 돼 있는데, 대체로 외모나 옷차림, 액세서리를 비롯한 '시각적' 요소들을 주로 조립해 캐릭터의 특색을 규정하지만 한편으로는 성격이나 사회적 위치가 요소로 쓰이기도 한다. 츤데레는 이 가운

데 '성격' 코드의 대표 격이라 할 수 있다.

츤데레는 새로운 말 만들기를 좋아하는 일본다운 조어다. 구성으로 보자면 뾰로통하다는 뜻을 지닌 '츤츤'ㄱんㄱん에 사족을 못 쓴다, 칠칠치 못하다는 뜻을 지닌 '데레데레'でれでれ를 합쳐서 만든 표현으로 오타쿠와 마찬가지로 히라가나 표기인 'つんでれ'가 아닌 가타카나 표기인 'ツンデレ'로 쓰이는 경향이 있다. 풀이하자면 "매우 새침하고 퉁명스럽게 대하지만 애정을 품기 시작하면 남들 앞에서와는 달리 그 사람을 향해서만은 좋아하는 감정을 감추지 못하고 적잖게 풀어진 면을 보이기 시작한다"는 뜻을 지니고 있다. 이 '뾰로통함'과 '풀어짐'의 간극이 클수록 '츤데레'의 속성이 강한 것으로 간주할 수 있으며, 모에의 시작점과 마찬가지로 기본적으로는 미소녀의 특정 성격을 이루는 속성이다.

이를 바꿔 이야기하면 츤데레는 시작 지점에서부터 '주인공 남성'을 대상으로 상정한 코드라 할 수 있다. 즉 남성을 대상으로 하는 소녀의 마음 변화를 기본으로 전제한 코드이며, 변화를 거친 후엔 남성과의 관계가 훨씬 친밀하고 강렬해진다. 물론 타인들 앞에서의 반응은 여전히 새침하고 퉁명스럽지만, 이미 대상인 남성을 향한 마음이 변한 상황이니 그 남성 앞에서라면 알게 모르게 배어 나오는 호감을 숨길 수 없게 된다. 츤데레라는 개념은 이렇듯 남성 수요층을 대상으로 한 작품들이 여성 캐릭터를 통해 보고 싶은 일종의 망상적 또는 가상 연애적 감정을 자극하는 요소로서 등장한 셈이다. 굳이 망상 또는 가상 연애라는 표현을 쓴 까닭은, 현실에서

227

남성들이 매우 많이 착각하는 부분이기도 하기 때문이다. 매우 높은 비율로 여성의 'NO'는 진심으로 '싫다'는 뜻이고, 이 평가를 변화시키길 원한다면 남성의 부단한 변화와 노력이 뒤따라야 한다.

츤데레를 표현하는 데 가장 널리 쓰이는 대사는 역시 "따, 딱히 널 위해서 ~한 건 아니야!"고, 이때 가장 널리 쓰이는 시각 기호는 화난 눈매와 볼의 홍조다.

 ## 츤데레의 변용과 확장

츤데레 속성은 이렇듯 '뾰로통함'에서 '풀어짐'으로 전이하는 과정을 집중해서 부각함으로써 이야깃거리를 만들어내지만, 한편으로는 속마음과 표현이 다른 경우로도 확장, 변이돼 쓰이기도 한다. 다만 이 경우에도 '실제로는 상대를 향한 애정이나 인정을 기본으로 깔고 있다'를 전제하기 때문에 단순히 겉과 속이 다른 이율배반적인 성격을 츤데레라고 일컫지는 않는다. 기본 바탕에 깔려 있는 감정이 호의로 전환되는 과정과 전환 이후 솔직하지 못한 반응이 자아내는 귀여움과 사랑스러움이 츤데레 캐릭터가 지니고 있는 매력 포인트라 할 수 있다.

228

● 〈신세기 에반게리온新世紀エヴァンゲリ
オン〉의 소류 아스카 랑그레이. 주
인공 신지를 첫 등장부터 쭉 "바
보 신지!"라 욕하면서도 조금씩
마음을 여는 모습을 보인다.

〈신세기 에반게리온〉만화판 단행본 4권 표지. 소류 아스
카 랑그레이는 신극장판에서는 이름이 시키나미 아스카
랑그레이로 바뀌면서 성격에 약간 변화가 생겼다.
ⓒ 사다모토 요시유키貞本義行 / GAINAX

● 〈제로의 사역마ゼロの使い魔〉의 루이
즈 프랑소와즈 르 블랑 드 라 발리
에르(루이즈). 이異세계에서 넘어온
소년을 동물 취급하던 귀족 소녀.
하지만 노예로 부리던 소년에게
점점 마음도 몸도 끌리게 된다.

〈제로의 사역마〉의 원작 라이트노블 단행본 1권 표지. 주인
공 루이즈의 도도한 귀여움이 두드러지는 첫 권 표지 일러
스트다.
ⓒ 야마구치 노보루ヤマグチノボル・우사츠카 에이지兎塚エイジ

'뾰로통함'에서 '풀어짐'으로 태도가 변화하는 성격은 '츤데레'
라는 표현이 등장함으로써 발생하고 규정된 것은 아니다. 해당 유
형은 사실 오래 전부터 여러 작품에서 꾸준히 등장해왔는데, 츤데

레라는 코드가 등장하면서는 남성 주인공에게 연심을 느끼고 빠져들어 헤어나오지 못하는 데까지 이르는 개연성 자체가 완전히 부품화되기에 이르렀다. 모에가 캐릭터를 조립하기 용이하게끔 만들어진 취향 부품임을 감안하면, 캐릭터의 성격을 부여하는 데 외향뿐 아니라 성격적인 부분 또한 부품으로서 '장착'하기만 하면 별다른 설명 없이도 인물의 성격으로서 무난히 작동하는 셈이다. 츤데레는 이렇듯 성격 모에의 대표적인 코드로 널리 활용되기에 이르는데, 모에가 대체로 그러하듯 "이 캐릭터는 츤데레다"라고 이마에 적어 놓은 듯한 캐릭터들이 양산되면서 인물의 개연성 자체가 약해지는 결과를 내기도 한다.

용어의 쓰임새는 등장 직후부터 변해가게 마련이다. 츤데레 또한 점차 미소녀뿐 아니라 남성 캐릭터에게도 확장됐으며 이후엔 츤데레라는 용어가 나오기 이전에 등장했던 작품들 가운데 솔직하지 못한 성격의 인물들을 설명하는 용어로도 쓰이기 시작했다.

● 〈드래곤볼〉 베지터.

"착각하지 마라 카카로트. 난 네 녀석을 도와주려 온 게 아니다. 그저 아무도 나 이외엔 널 죽이지 못하게 할 뿐이야."

츤데레가 변용한 표현으로는 크게 두 가지가 널리 쓰이는 편인
데, '쿨데레'와 '얀데레'다. 양쪽 모두 대상을 향한 애정을 품는 형
태를 띠고 있지만 앞에 붙는 낱말이 '뾰로통함'을 뜻하는 '츤'이 아
니라 '쿨' 또는 '얀'이란 점이 포인트다. 쿨데레는 뾰로통해하지도
않고 매우 냉정하고 냉철한 모습을 유지하는 유형을 가리키는 표현
이다. 너 같은 것은 관심 대상도 아니라는 듯 대하다가 단둘일 때엔
살짝 무너져내리는 간극의 차이가 관전 포인트다. 신분차가 있는
여성 캐릭터나 남성과의 관계에서 자의든 천연이든 철벽을 치는 인
물에게서 주로 목격되며 대표적인 시각 표현은 무표정이다. 이를테
면 〈신세기 에반게리온〉에서 아야나미 레이는 감정을 거의 드러내
지 않는 인물이지만, "어떤 표정을 지어야 할지 모르겠어"라고 묻
는 레이에게 신지가 "웃으면 된다고 생각해"라고 답하니, 그 직후
아주 살짝 웃어주는 장면이 나온다. 그 희귀성으로 말미암아 〈신세

기 에반게리온〉을 통틀어 다섯 손가락에 꼽히는 명장면으로 팬들에게 기록되고 있다 해도 과언이 아니다.

얀데레는 '아프다'는 뜻인 '야무'病む의 변용형에 '데레'가 붙은 표현이다. 여기서 아픈 건 정신 쪽으로, 좋아한다고는 하는데 뭔가 제정신이 아닌 형태로 좋아하는 캐릭터를 가리킨다. 얀데레 캐릭터는 비뚤어진 애정을 주인공에게 투사하며, 남성 주인공이 자신만을 바라보지 않을 때엔 광폭하고 잔인하게 변하여 남성 주변의 인물은 물론 남성 자체까지도 죽음에 이르게도 하는 무시무시한 면모를 보이기도 한다. 대표적인 시각 표현은 '이성을 잃었음'을 내비치는 무광택 눈동자다.

● 〈스쿨데이즈〉 코토노하. 자기와 남자 주인공 마코토를 이어준 친구 세카이가 되레 마코토를 빼앗아가고 마코토에겐 버림받으면서 미치고 만 불행한 아이. 마코토를 빼앗아갔던 세카이가 임신과 함께 마코토에게 버림받고선 미쳐서 마코토를 죽이자, 코토노하는 세카이를 죽이고 배를 갈라 아이의 유무를 확인한 후 남자의 목만 떼어다 들고 둘만의 여행길에 오른다.

게임과 애니메이션으로 출시된 〈스쿨데이즈School Days〉. 귀여워 보이는 소녀들 그림으로만 보이지만 못된 남자 때문에 몸도 마음도 망가져가는 소녀들의 피비린내 나는 치정극이다.
© Overflow

● 〈미저리〉. 소설가 '폴 셜던'은 자기를 베스트셀러 작가로 만들어준 연작 소설 〈미저리〉의 마지막을 탈고하고 돌아오던 중 자동차가 전복되는 사고를 당하고, 전직 간호원 '애니 윌크스'의 간병을 받게 된다. 하지만 상냥해 보이던 애니는 폴의 작품 〈미저리〉 속 주인공에게 집착하는 사람. 폴이 지니고 있던 마지막 원고에서 작품 속 주

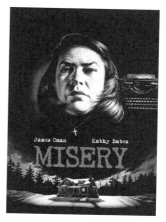

〈미저리〉. 팬 잘못 만난 유명인의 비극이 절절히 묘사되는 작품이다.
ⓒ 스티븐 킹Stephen King /
캐슬록엔터테인먼트Castle Rock Entertainment

인공이 죽는다는 사실을 안 애니는 급기야 폴의 다리를 박살내며 자신이 원하는 방향으로 〈미저리〉를 다시 쓰라고 강요한다.

- -

　한편 한국에서 등장한 변용으로는 '씨발데레'가 있는데, 입으로는 걸걸한 욕지거리를 쏟아붓지만 뒤로는 마음을 쓰는 캐릭터들이 여기에 속한다. 욕 표현이 들어간 데서 볼 수 있듯이 그리 친절하거나 인간적인 대우를 해주진 않는다. 욕을 하는 외적인 모습과 실제 마음씨의 간극차가 포인트라 할 수 있다.

- -

● 현진건 작, 〈운수 좋은 날〉의 김 첨지
　병든 아내와 자식 하나를 둔 인력거꾼 김 첨지가 아내의 만류를 뿌리치고 장사를 나온 어느 날, 유난히 장사가 잘되어 기분 좋아라

술을 마시고 설렁탕까지 사 들고 집에 왔더니 아내는 죽어 있고 애는 나오지 않는 젖을 물고 울고 있더라는 슬픈 이야기. 힘겹던 시대상을 고스란히 반영한 근대 문학작품으로, 아내를 때리고 욕을 쏟아부어 놓고도 눈물짓기도 하는 인물형으로 말미암아 한국판 씨발데레 캐릭터의 원형으로 꼽힌다.

창작물이 아닌 현실에서 씨발데레의 속성을 콘셉트로 채용한 사례로는 소위 '욕쟁이 할머니'와 '쌍욕라떼'를 들 수 있다.

● 2007년 이명박 대통령 후보 대선 TV 광고
'욕쟁이 할머니' 캐릭터는 대체로 걸걸한 사투리 욕설로 손님을 대하지만, 말과 달리 정성스럽고 푸짐하게 차려주는 음식과 욕설 속에 담긴 따스함 등을 특징으로 한다. 이러한 특징을 미디어를 통해 가장 잘 활용한 이는 이명박 전 대통령이다. 2007년 대선을 앞두고 이명박 당시 대통령 후보 측이 제작한 대선 TV 광고는 욕쟁

이명박 대선 TV 광고의 한 장면. 욕을 들어가며 국밥을 떠먹는 장면으로 서민적인 분위기를 연출하려 했다.

234

이 할머니의 국밥집을 찾은 후보의 모습을 담고 있다. 이 광고에서 주인 할머니는 이 후보를 애정으로 질책하는 모습을 연기한다.

허? 오밤중에 웬일이여? 배고파? 만날 쓰잘데기없이 싸움박질이나 하고 지랄. 에이! 우린 먹고살기도 힘들어 죽겠어! 청계천 열어놓고 이번엔 뭐 해넬겨? 밥 더 줘?

〔이명박은 배고픕니다. 누구나 열심히 땀 흘리면 성공할 수 있는 시대, 국민 성공시대를 열기 위해·이명박은 밥 먹는 시간도 아깝다고 생각합니다.〕

밥 처먹었으니께, 경제는 꼭 살려라잉, 알겠냐?!

〔경제를 살리겠습니다. 실천하는 경제대통령, 기호 2번 이명박이 해내겠습니다.〕

● 통영 쌍욕라떼

벽화마을로 유명한 경남 통영시 동피랑 입구에는 '울라봉'이라는 작은 카페가 자리하고 있다. 이 카페는 2011년 개점한 이래 전국 각지에서 사람들이 찾는 명소가 됐다. 젊은 감각을 잘 활용한 메뉴와 카페의 인테리어가 눈길을 끈다. 이곳을 유명하게 만든 건 다름 아닌 '쌍욕라떼'로,

통영의 카페 울라봉에서 만날 수 있는 쌍욕라떼(2013. 3. 9 촬영)

손님의 특징이나 사연 등을 빠르게 잡아내서 쓰는 창의적인 욕지거리(?)가 입소문을 탄 것이다. 돈 내고 기분 좋게 욕먹으러 간다는 게 가장 재미난 점이다.

● 츤데레 용개쨩

용개drakedog는 게임 〈와우WOW, World Of Warcraft〉의 초유명 이용자(소위 네임드 유저)다. 〈와우〉에서는 시비가 붙은 타 길드의 마스터와 캐릭터 삭제를 건 1:1 결투를 벌인 사건으로 더욱 유명하다. 용개의 클래스였던 흑마법사는 당시로서는 인기도 없고 상대 클래스와의 상성 면에서도 매우 불리하다는 평가가 지배적이었다. 하지만 용개는 이를 뚫고 극적으로 승리함으로써 해당 게임의 역사에 한 획을 그었다. 그런데 용개가 이후 게임을 안 하는 이들에게까지 알려진 인물로 회자된 것은 극단적인 악당 콘셉트 뒤의 츤데레성 때문이다. 과격한 욕설을 퍼부어놓고는 "그런다고 진짜 나가냐"라거나 잠시 후 "취소"라는 말을 붙이는 식으로 소심하게 구는 모습,

〈와우〉의 네임드 악당 용개drakedog. 츤데레적인 면모를 노출한 결과 인터넷 캐릭터화했다. 화면은 미소녀 게임 〈To Heart〉배경에 〈와우〉 속 용개 캐릭터를 합성한 패러디

236

기념촬영을 요구한 트롤 플레이어들에게 "더러운 트롤 새끼들"이
라 뇌까리고는 응해주는 모습 등이 노출되면서 점차 게임 플레이어
를 넘어 인터넷 캐릭터화하기에 이른다. 일본어에서 애칭에 붙이는
'~쨩'ちゃん을 빌려다 붙인 '츤데레 용개쨩'이란 표현은 이들의 길드
명을 담은 "외쳐 EE!"와 함께 지금도 곧잘 회자된다. 심지어는《토
롬주괴가 없어》라는 제목을 단 동인지까지 등장한 바 있다.

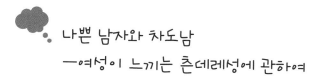

나쁜 남자와 차도남
―여성이 느끼는 츤데레성에 관하여

츤데레는 여성 캐릭터에게 부여된 성격 모에의 한 코드로서 등장했
지만 점차 남성 캐릭터는 물론 현실 속 인물에게도 적용할 수 있는
유형으로서의 대중성을 확보한 용어가 되었다. 이에 따라 츤데레는
남성 독자층뿐 아니라 여성 독자층에게도 소비되는 범용 속성이 되
었지만 양쪽에는 명백한 관점차가 존재한다.

이를테면 〈운수 좋은 날〉의 김 첨지는 흔히 '씨발데레'의 원형으
로 불리는 캐릭터지만 부인을 치고 욕한다는 점에서 남편으로서도
남자로서도 매우 나쁜 사람이다. 이른바 '나쁜 남자'인데, 시대 배
경상 여성을 향한 처우가 그리 좋지 못했을 것이라는 점을 감안한
다 하더라도 사람을 다짜고짜 패놓고는 눈물 흘린다고 용서받을 수
있는 일은 아니다. 하지만 세간에는 여성들이 '나쁜 남자'를 좋아한

다는 일종의 신화와 같은 이야기들이 전해지곤 한다. 이를 가리켜 흔히 '나쁜 남자 콤플렉스'로 일컫는데, 마냥 착한 남자보다는 자신에게 못되게 구는 남자에게 호감을 느낀다는 식이다.

　이는 남성에서 여성으로 향하는 츤데레, 그 가운데서도 특히 씨발데레 부류의 전형적인 작동 기제이기도 하다. 다만 여기엔 함정이 있다. 여성이 자신을 막 대하는 남성에게 끌리는 건 위험성을 어느 정도 내포한 선택지일 수 있지만, 반대로 여성에게 막 대하는 남성이란 그 자체로 폭력배에 지나지 않는다는 점이다. 이 차이를 감안하지 않은 '표현'의 경우, 여성에게 전혀 '데레'에 해당하는 코드로 접수되지 않는다. 근래 이에 해당하는 대표적인 사건이 《맥심 코리아》 표지 사건이다.

- -

● THE REAL BAD GUY

〈신세계〉의 연변 청부업자, 〈해바라기〉의 조민수, 〈친절한 금자씨〉 "너나 잘 하세요"의 너, 〈올드보이〉의 경호실장, 〈짝패〉의 청년회장 등 50여 명의 악당을 연기하다. 여자들이 '나쁜 남자' 캐릭터를 좋아한다고? 진짜 나쁜 남자는 바로 이런 거다. 좋아 죽겠지?

《맥심 코리아》 2015년 9월호 표지

238

해당 잡지 표지는 범죄 현장을 화보로 구성하며 차 트렁크에 청 테이프로 묶인 여성의 발이 보이게끔 한 후 그 옆에 담배를 피우고 있는 배우 김병옥을 배치했다. 그리고는 '이것이 나쁜 남자라며 좋아 죽겠지?' 하고 묻고 있다. 《맥심》 한국어판 표지에 대한 비판이 거세지자 "느와르 영화적으로 연출한 건 맞으나 성범죄적 요소는 어디에도 없다"는 입장을 발표했으나 불에 기름을 붓는 결과를 냈다. 해외 언론에서도 비판의 목소리가 터져 나오는 와중에도 맥심 측은 2주간 묵묵무답이었다. 하지만 2015년 9월 3일 《맥심》 본사가 "이 표지와 해당 기사는 문제가 심각하다, 우리는 이를 강력히 규탄한다"라는 비판 입장을 내자 하루 뒤인 9월 4일 "범죄행위를 미화하려는 의도는 없었습니다만 그 의도가 무엇이었든 간에 그것은 전적으로 저희의 잘못이었음을 인정합니다"라는 사과를 올리고 전량 회수해 폐기하기로 했다.

그러나 《맥심 코리아》는 2016년에 한 개성 강한 모습을 보인 여고 졸업 사진을 SNS에 공유하며 맥심 걸 콘테스트에 나올 만하다는 말을 남김으로써 또 한 번 입방아에 올랐다. '남성지'라는 점을 감안한다손 치더라도 이 매체와 매체의 대상 독자층이 일상에 만연한 여성혐오 범죄의 피해자가 되는 입장은 어떻게 봐야 할까? 《맥심》 2015년 9월호 이야기로 돌아오자면, 화보의 장면 자체는 물론 "진짜 나쁜 남자"THE REAL BAD GUY라는 카피와 "좋아 죽겠지?"라는 이죽거림이 지니고 있는 상징성을 주목해야 한다. 묶인 상태로 차 트렁크에 유기돼 있는 여성의 발과 다리는 아무리 양보해도 일반적인 관계나 상황에서는 절대 나올 수 없는 풍경이다. 이 광경을 보고 성폭행 후 살해해 시신을 유기하는 모습이라 간주하지 않기가 오히려 이상할 정도다.

일정 이상의 호흡을 지닌 느와르 작품 가운데 한 장면으로서 이것이 '악역'의 '악행'이자 '범죄'고 '원래는 있을 수 없는 일이지만 일어나고 말았다' '이놈은 정말 나쁜 놈이다' 같은 맥락을 지니고 있다면 모를까. 《맥심》의 화보는 한 장 안에 모든 맥락을 담아낼 수는 없다는 한계를 모른 채 오히려 "진짜 나쁜 남자는 바로 이런 거다, 좋아 죽겠지?"라는 질문을 던짐으로써 캐릭터의 정당성과 장면 속 피해자의 기분을 '규정'하고 말았다. 그러고는 주 독자층으로 상정하고 있는 남성들에게는 타자화한 '여성'들에게 던지는 질문을 보여준다. '진짜를 보여주지, 너희 이런 거 좋아한다며? 좋아 죽겠지?'라고 말이다. 이런 마당에 연출이 그럴 뿐 의도는 없다는 변명은 설득력을 얻기 어렵다. 비상식적인 장면을 연출해놓고 기분 좋으냐고 묻는 것은 매우 많은 경우 여성들에게 '일상적 강간 공포'를 자극하는 일이 아닌가. 심지어 "좋았어?" 유의 질문은 남성이 대상인 에로 콘텐츠의 섹스신에서 반드시 등장하다시피 하는 클리셰가 아닌가.

여성들이 매력적으로 느끼는 '나쁜 남자' 캐릭터란 '데레'를 갖춘 '츤' 내지는 '씨발'의 한 부류며, 진짜 악당으로서 나쁜 인물이 아니라 '남들에게 다 나쁘게 해도 나에게만은 일말의 따뜻함을 보여주는' 인물이다. 그러니 여성들에게 츤데레로서 받아들여지는 캐릭터는 '악당'이 아니라 오히려 "나는 차가운 도시 남자, 하지만 내 여자에겐 따뜻하겠지"라는 소위 '차도남' 캐릭터에 가깝다. '오빠가 다 애정이 있어 너에게 막 대하는 거야'가 츤데레일 수 없는 이유가 여기에 있다. 최소한 애정은 어느 한쪽의 일방적이면서 물리력을 지닌 폭력을 동반하며 작동하지 않아야 한다는 사회적 약속을 깨선 안 된다.

● 조석, 〈마음의 소리〉

'차도남'이라는 유행어를 탄생시킨 만화.

〈마음의 소리〉 중에서. "난 나를 따끔하게 채찍질할 수 있는 차가운 도시 남자… 하지만 내 여자에겐 따뜻하겠지…." 이 표현의 '차가운 도시 남자'는 이윽고 '차도남'이라는 준말로 유행을 타기 시작한다.
ⓒ 조석

이 관점에서 보자면 씨발데레의 원형으로 언급되는 〈운수 좋은 날〉의 김 첨지는 '씨발'이 지니고 있는 욕 어휘로서의 폭력성을 넘어서 애교로 볼 수 없을 만큼 많은 물리력을 아내에게 가하는 인물이다. 시대의 참혹함을 드러내는 장치로서는 훌륭하나 결과적으로 '여성들이 좋아할 수 없는' 캐릭터다. 2016년 현 시점에서 용납될 수 없는 애정인 셈이다.

이보다 조금 더 낫다고 해봐야 우리네 베이비부머쯤 되는 세대

241

어르신들이 자식들에게 온갖 애정으로 포장한 폭언과 폭력을 가한 후 가끔 저녁에 통닭 사 들고 귀가해 "아빠 왔다~"를 외치는 풍경 정도일 텐데, 이 역시 현 시점에 용납되기란 어렵다. 차라리 욕쟁이 할머니나 쌍욕라떼는 일종의 약속 대련과도 같은 형태라 형태상으로 드러나는 악담을 '즐길' 여지나 있지만, 실생활에서 늘 폭력에 노출돼 있는 여성에게 배려도 존중도 없는 종류의 '씨발'은 절대로 '데레'로 연결되지 못한다. 여성들을 대상으로 하는 콘텐츠를 만들 때 주의해야 할 점이 많은 게 바로 이런 경우들 때문이다. 《맥심》의 주장과는 달리 '나쁜 남자'라고 여성들이 좋아하진 않는다. 여성혐오(미소지니)에 행복해하는 여성상을 '표현'하는 것에 주의가 필요한 시점이다.

● 〈캐슬〉. 미국 ABC가 제작한 드라마로 강한 캐리어 우먼으로서의 진가를 보여주는 언니와 잘나가는 바람둥이 돌싱 추리소설가의 조합이 인상 깊은 작품이다. 장기 시리즈를 통해 두 인물의 관계가 티격태격하는 업무 파트너에서 연인으로 발전하는 과정을 보여준다. 벽을 세우던 여성 캐릭터가 남성을

〈캐슬Castle〉 포스터
© abc

받아들인 후의 변화는 가히 츤데레의 전형이라 할 법하지만, 그

와 동시에 제멋대로 사는 바람둥이였던 '나쁜 남자'가 한 여성을 향한 사랑으로 변해가는 모습도 볼거리. 남성 주인공이 변우민 씨와 몹시 닮은 점도 재밌다.

● 장동민. 겉과 속이 다르게 비비 꼬는 어법으로 유명한 충청도 출신으로, 개그는 물론 버라이어티 등에서 비친 거친 언행 뒤 배려 등으로 '츤데레 연예인'으로 불리곤 했다. 하지만 그 배려가 여성을 향해서는 발동하질 않았는지, 팟캐스트에서 "여자들이 멍청해서 남자들에게 안 된다" 유의 발언을 쏟아내 큰 물의를 빚은 데 이어 사과한 지 얼마 되지 않은 시점에 출연한 개그 프로그램에서조차 여성혐오 발언을 소재로 개그를 선보이는 등 문제를 인식하지 못하는 모습을 보였다. 따라서 '츤데레' 캐릭터라기보다는 차라리 현재 기준에서 씨발데레조차 못 되는 김 첨지와 비교하는 편이 나을 듯하다.

- -

한국에서의 '츤데레' 용어 사용 사례들

재밌는 건 한국에선 '모에'라는 용어 자체가 대중화하지는 못했는데 그 코드 가운데 하나인 성격 코드인 '츤데레'는 대중매체에서 일반명사로 등장하기에 이르렀다는 점이다. 사실 모에를 이해하지 않고 오타쿠 문화를 이해하기란 거의 불가능하지만, 그러한 맥락을 따르지 않고도 그 자체가 특정 성향을 가리키는 명사로서 지위를 획득했다는 점이 인상 깊다. 이제 츤데레는 서두에서 언급한 바와 같이 드라마 소개에도 당당히 이름을 올린다.

츤데레라는 표현 자체가 일본어다 보니 도입 초창기라 할 수 있는 시기 한국의 오덕과 오덕 콘텐츠 업계인들은 이 표현을 어떻게든 한국화(?)하려 했으나 시도에서 크게 벗어나지 못했다. 이를테면 타키모토 타츠히코滝本竜彦의 라이트노블을 오이와 켄지大岩ケンヂ가 만화화한 《NHK에 어서오세요NHKにようこそ!》 한국어판(2007년 11월 출간)에서는 츤데레를 '새침부끄'라는 표현으로 번역해 츤데레의 한국어 표현으로서는 대표격으로 남았으며, 한국 작가 반재원이 쓴 라이트노블 《초인동맹에 어서오세요》 2권(2007년 11월 출간)에서는 '홍혜롱'이라는 표현이 등장했다. 하지만 그럴싸한 어감에도 불구하고 이 두 용어는 미디어의 전폭적인 선택을 받지 못한다.

한국 언론에서 일본어인 츤데레라는 키워드가 처음으로 등장한 건 2007년. 엔터테인먼트 소설 장르인 라이트노블의 특징을 설명하기 위한 기사에서 미소녀 캐릭터의 성격 코드를 설명하는 용어로 등장했다.

"특히 '미소녀 캐릭터'도 라이트 노블에 종종 등장한다. '모에 캐릭터'를 찾는 남성 독자층의 요구에 부응하기 위함이다. '모에'는 사전적으로는 '움트다'라는 뜻의 일본어 '모에루萌える'에서 기인한 조어로 '몰입하고 빠져드는 것'을 가리킨다. 미소녀 캐릭터 중에도

244

'츤데레'가 대표적이다. 파우스트 최유성 편집장은 "여러 사람이 함께 있을 땐 냉기가 뚝뚝 흐르는데(츤츤·つんつん), 좋아하는 남자에게만은 유독 부끄러워하면서 부드럽게 대하는(데레데레·でれでれ) 소녀 캐릭터가 츤데레"라고 설명했다."

〈[커버스토리] 라이트노블의 특징 – 미소녀 캐릭터 일상속 비현실〉,

《경향신문》, 2007. 8. 30.

＿＿＿＿＿＿＿＿＿＿＿＿＿＿＿＿＿＿＿

이렇게 새로운 표현으로서 설명을 요하던 '츤데레'는 이후 2011년까지 언론 노출 한 자릿수 분포를 보이다 2012년부터는 15회로 두 자릿수를 기록하고, 이듬해인 2013년엔 87회, 2014년엔 269회 등장하더니 2015년엔 3225회를 기록한다. 이 가운데 상당수는 같은 보도자료를 보고 베껴 광고 수익을 노리고 쏟아낸 TV 프로그램 어뷰징 기사가 차지하고 있긴 하지만, 이를 감안한다손 치더라도 굉장한 상승폭이라 할 만하다. 2012년을 전후해 츤데레는 이미 드라마 인물 소개용 기사에서 팬들의 반응을 소개하면서 등장하기도 하고, 심지어는 별다른 설명 없이 쓰이기 시작하기도 한다. 2015년을 넘어서면서부터는 아예 어뷰징 기사들에서 '얘는 츤데레'라고 지정하는 기사가 쏟아지기 시작했고, 급기야 드라마 공식 소개문에 등장하기에 이른다.

한국에서는 일본과는 달리 만화나 애니메이션 캐릭터의 성격을 설명하기보다는 연예인들 또는 드라마와 같은 실사 화상에 기반을 둔 영상 콘텐츠 속 출연자들의 성격을 언급하는 데 많이 쓰이고 있

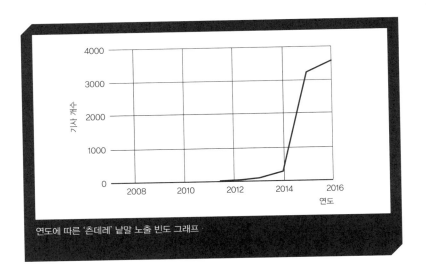

연도에 따른 '츤데레' 낱말 노출 빈도 그래프

는데 이는 한일 양국에서 비중 있는 콘텐츠의 종류가 무엇이냐에 따른 차이로 보인다. 확실한 건 한국에서 '츤데레'는 원래의 맥락이 무엇인가와는 별개로 굉장히 팬시한 어감으로 쓰이고 있다는 사실이다. 2014년 크리스마스에 나온 아이돌 EXID의 인터뷰 기사에서 멤버인 혜린은 다음과 같이 말한다. 여기에 '감정 변화'와 같은 맥락은 거의 보이지 않는다.

(전략) 혜린은 "자기 일에 프로페셔널한 사람, 특히 요즘 말로 츤데레라고 하는 사람이 좋다. 까칠하면서도 뒤로는 챙겨주시는 분에 매력을 느낀다"고 밝혔다. (후략)

〈EXID 라디오 출연 인증샷. 깜찍한 브이 다섯 개로 '메리 크리스마스'〉,

《THE FACT》, 2014. 12. 25.

오히려 츤데레와 얀데레가 오덕스러운 맥락에서 화제 선상에 오른 건 전혀 예상치 못한 지점이었다. 화제의 주인공은 경기도 성남시의 분리수거 캐릭터로 등장한 '성지영'. 본래 3D를 기반으로 한 미소녀 캐릭터 제작 프로그램인 'comipo'를 이용해 제작된 캐릭터로, 성남시의 분리수거 정책을 홍보하는 포스터 제작 과정에서 탄생했다. 재밌는 건 지방정부의 공식 공보물에 대단히 오덕스러운 조형의 미소녀 캐릭터가 들어갔다는 점이기도 하지만, 더 재밌는 건 이 캐릭터의 등장 직후 폭발적으로 늘어난 패러디다.

사람들이 이 캐릭터에 관심을 보인 까닭은 다름 아닌 눈동자 때문이다. 입은 웃고 있으나 눈동자에 생기가 없는 캐릭터는 '얀데레' 캐릭터의 조형에서 매우 중요한 시각적 장치다. 이성을 잃고 미쳤다는 표시기 때문이다. 별다른 개성이 없어 보이던 OL룩 미소녀 캐릭터는 눈동자에 빛깔이 없다는 이유로 폭발적인 반응을 불러일으켰다. "분리수거하세요"라는 메시지는 졸지에 "분리수거 안 하

성남시 분리수거 홍보 캐릭터 성지영

247

분리수거 홍보 캐릭터 2차 창작의 권리를 시민에게 개방하겠다고 밝힌 이재명 성남시장

면…… 알죠?"란 투의 으스스한 메시지로 바뀐다.

　패러디가 난무하자 이게 뭔 상황인가 어리둥절해 하던 이재명 성남시장은 상황을 파악한 후 물 들어온 뒤 노 젓는 법이라는 듯 신속하게 '저작권 전면 개방' 선언을 한 데 이어 아예 포스터 공모전을 여는 등 모처럼 일어난 재미난 반응을 적극적으로 시정에 활용하는 모습을 보였다. 원래 캐릭터 조형 자체가 제대로 이뤄졌다기보다는 원형을 이용해 다양한 변용이 일어난 경우고, 캐릭터의 목적 자체가 분리수거에 맞춰져 있다 보니 지역을 대표하는 캐릭터로 활용될 가능성은 적어 보인다. 하지만 성지영은 지극히 오덕스러운 조형을 지닌 모에 계열 캐릭터도 한국에서 화제와 참여 여부, 관련 집단의 의지에 따라 얼마든지 활용될 수 있음을 보여준 의미 있는 사례로 볼 수 있다.

248

갭모에gap-萌え

츤데레와 그 변종 개념들은 서로 다른 반응을 나타내는 표현의 결합으로 이루어져 있으며 앞 반응에서 뒤의 태도로 넘어가는 간극이 크면 클수록 한층 더 큰 매력을 자아낸다. 이러한 간극에서 매력을 느끼는 걸 가리켜 흔히 '갭모에'라고 부르기도 한다. 다시 말해 태도의 격차에서 모에 포인트가 발생하는 것이다.

갭모에는 비단 츤데레에게만이 아니라 '전혀 ~하지 않을 듯한 인물(또는 캐릭터)이 의외로 그러고 있다'는 대상에게 느끼는 감정이다. 츤데레와 마찬가지로 우리나라에서도 인터넷 유행어처럼 별다른 번역 없이 기사 등에 곧잘 쓰이고 있는 상황인데, '모에'란 낱말 자체가 널리 퍼져 있지 않음에도 '갭모에'가 곧잘 쓰이는 현상은 뭔가 아이러니한 기분을 자아낸다.

우리나라에서 '갭모에'는 연예인들에게서 의외의 일면이 나타날 때 연예기사에서 곧잘 써먹고 있는 단골 용어가 돼 있다. 이를테면 걸그룹인 '여자친구'는 '파워 청순'이라는 상반된 수식어를 달고 다니는데, 이를 두고 갭모에를 보여준다고 언급되곤 한다. 즉 청순해 보이는 외모지만 퍼포먼스는 힘이 넘친다는 이야기다. 연기자 이현

우를 두고는 '미소년과 상남자 사이'라는 수식어가 붙는가 하면, 일본의 미소녀 헤비메탈 그룹(?) 베이비메탈에게는 발랄한 소녀 보컬과 살벌한 전주를 언급하며 갭모에의 극이 뭔지를 보여준다는 평가가 나온다. 다시 언급하지만 한국 언론의 이야기다. 한 언론은 갭모에를 '반전매력'이라는 표현으로 토를 달아 소개하고 있기도 하다. 언론에서 갭모에적 인물로 소개하고 있지는 않지만 이 말이 굉장히 잘 어울리는 연예인을 들자면 마동석을 빼놓을 수 없겠다. 울룩불룩한 근육덩이 아저씨가 귀여움을 발산하는 모습은 '마요미'란 별명만큼이나 인상적이다.

만화 캐릭터의 갭모에를 찾아본다면, 《바람의 검심るろうに剣心》의 켄신이나 《은혼銀魂》의 긴토키 같이 평소 성격과 싸울 때의 모습이 완전히 다른 인물들을 예로 들 수 있다. 《강철의 연금술사》에 등장하는 에드워드 엘릭처럼 어린 나이에도 뛰어난 연금술 실력과 강인한 정신을 지니고 있지만 미적 감각은 어딘가 파탄 나 있는 캐릭터도 훌륭한 갭모에 사례다. '갭'이 가리키는 간극에 의외성이 클수록 그에 따라 형성되는 모에 감정도 커지기 마련이다.

성지영, 상업 게임에 등장

공공 캐릭터로서는 이례적인 화제를 모았던 성지영이 2016년 8월 22일 스마일게이트 메가포트의 미소녀 카드 배틀 모바일 RPG 〈큐라레: 마법도서관〉에 등장했다. 성지영은 등장 초기 간단한 아마추어 게임을 통해 모습을 드러낸 바 있지만 상업 게임에 등장한 건 처음이다. 무엇보다도 게임 제작사와 지방정부가 직접 컬래버레이션을 진행했다는 점이 흥미로운 사례다.

게임 전문 웹진 《디스 이스 게임》의 인터뷰 기사를 보면, 게임 내에서 성지영은 '노오오력 혈청'에 중독돼 얀데레가 된다.

(전략)

양주영: 민관 협력 사업 때문에 Q인터내셔널에 파견 나온 공무원 성지영이 자신의 업무에 과몰입하는 약물 '노오오력 혈청'에 중독되어버려 분리수거 업무에 과몰입해버리고, 얀데레가 되어서 날뛰는 성지영을 막기 위해서 사서들이 동분서주하고……. 그런 평소의 「큐라레」스러운 내용이네요.

(후략)

〈큐라레 "왜 성지영이냐고요? '약 빤 스토리' 확정이니까요!"〉,

《THIS IS GAME》, 2016. 9. 2.

게임 속 성지영은 일반형 얀데레 성지영(?), 무서운 성지영, 성남시의 성실한 공무원 성지영으로 3단계 진화를 거치게 된다. 모에스러움이 잘 묻어나는 고품질 일러스트가 매우 인상적이다. 〈큐라레: 마법도서관〉 측은 8월 25일부터 9월 29일까지 성지영과 관련한 그림 팬아트부터 소설, 동영상, 코스프레 등의 2차 창작물을 받는 이벤트를 진행하기도 했다.

다소 엉겁결에 탄생했지만 물 들어올 때 노를 저을 줄 아는 성남

〈큐라레: 마법도서
관〉에 출연한 성
지영
ⓒ 스마일게이트
메가모트

시 덕에 성지영은 오덕층 또는 성남시 내부라는 범위를 넘어서 인터넷 캐릭터로 회자됐다. 오덕스럽고 모에스러운 코드가 단지 특정 층만을 노리기 위한 요소가 아니라 널리 알려지기 위한 조미료로 쓰일 때 의외의 폭발력이 발생한다는 점을 새삼 증명하는 사례다. 하지만 컬래버레이션 수준을 넘어 상업적 성과 측면에서 성공 사례를 만드는 데까지 나아갈 수 있을지는 다소 걱정스러운 부분이 있다. 노를 젓는 데 그치기보다 물꼬를 트는 데까지 나아가려면 성남시 차원에서 필요와 절실한 목표에 따라 캐릭터 활용 기획을 세워야 한다.

2016년 현 시점에서 '인간형' 모에 얀데레 캐릭터가 지역의 특정 목적을 홍보하기 위해 등장한 사례는 전에도 없었고 앞으로도 쉬 나오기 어려울 것이다. 성지영이 이대로 지나간 유행으로 묻히게 하지 않으면 좋겠다.

서브컬처 subculture

오타쿠 컬처? 문화콘텐츠?

오덕계는 수많은 '용어'가 숱하게 명멸하는 언어의 무덤과도 같은 바닥이다. 많은 용어가 새로 등장하고 수입되며 유통된다. 인터넷 발 어휘들이 대체로 그러하듯 언제 그런 말이 있었냐는 듯 사라지게 마련이지만, 개중에는 나름의 생명력을 얻거나 우연한 기회를 통해 매스컴을 타며 살아남는 말들도 있다.

그리고 다른 한쪽에서는 낱말의 원래 어원과는 전혀 다른 뜻을 지닌 채로 굳어져 끝없는 혼선을 일으키는 말도 있다. 지금 살펴보려는 말, '서브컬처'가 대표적이다.

서브컬처subculture 혹은 하위문화

다양한 구성원이 각기 집단을 이루고, 집단들이 모여 사회를 구성한다. 흔히 우리가 '사회'라는 낱말을 쓸 때 인식하는 규모는 국가 단위지만 때론 일정 이상의 규모를 지닌 특정 범주를 통틀어 일컬을 때도 쓰곤 한다. 이렇게 한 사회 안에 자리하며 사회를 구성하는 작은 집단들은 태생적 목적이나 구성원들의 성격에 따라 나름대로의 특성과 특색을 지닌다.

큰 범주로서의 사회는 평균화한 합의를 통해 구성원을 지배하는데, 그 안에 자리한 각 집단은 이렇게 형성된 사회의 주 지배 질서와 스스로를 구별함으로써 정체성을 유지한다. 이렇게 한 사회의 주된 지배 질서와 합의의 보수적 평균치를 주 문화main culture(메인 컬처) 또는 전체 문화total culture(토털 컬처)라 하고, 이와 구분되는 집단이 창출하는 독특한 문화를 가리켜 하위문화subculture(서브컬처)라 한다. 집단의 질서 안에는 더 작은 집단들이 자리하게 되는데, 각 집단은 또 그 안에서 특정한 성향과 성격을 만들어낸다. 따라서 하위문화 안에도 하위문화가 자리할 수 있으며, 각 하위문화는 자기 안에 자리한 하위문화에 상대적으로 주된, 지배적 위치에 서게 된다. 이와 같은 관계는 마치 컴퓨터의 디스크에 생성된 디렉터리(또는 폴더)들이 보여주는 트리 구조와 유사하다. 하지만 여기서 유의해야 할 점은 서브sub에 상대되는 말로 어디까지나 '메인'main 또는 '토털'total이 쓰이고 있다는 점이다. 여기서의 'sub'는 '주'와 '전체'의 구성원으로서의 '하위'다.

한 사회의 평균이란 필연적으로 보수성을 띠고 있으며, 이에 상대성을 띠는 집단의 질서는 상대적으로 덜 보수적이거나 반대 방향성을 지니게 된다. 따라서 서브컬처는 사회 평균치보다는 상대적으로 덜 전통적이고 덜 무거우며 덜 진중하다. 그리고 전체에 비해 상대적으로 젊은층 또는 소수가 주도하는 면이 있으며, 전체 또는 주 문화가 평균치라는 선을 유지하며 보수성을 띠기 때문에 이에 만족할 수 없거나 용납할 수 없는 이들의 에너지가 응축돼 체제에 저항하는 힘으로 작동하기도 한다. 저항과 일탈이라는 이미지가 서브컬

음악을 통해 저항과 평화를 노래한 밥 말리Bob Marley

255

처에 주로 언급되는 까닭은 이 용어 자체가 1950년대 미국 청소년 계층의 비행을 연구하는 데서 비롯했기 때문이다. 이렇듯 서브컬처는 주(전체)에 상대성을 띠는 하위 집단의 문화라는 개념으로 출발했기 때문에 이후 사회 집단을 범주화하는 주 구분점인 계급, 계층, 세대, 노동(또는 직업), 지역, 젠더 등의 특성을 설명하기 위한 연구 용어로 널리 쓰인다.

서브컬처의 특징을 잘 설명하는 사례로 자주 등장하는 게 밥 말리로 대표되는 '레게' 음악이다. 레게는 본래 미국과 영국의 서인도 제도 출신 흑인 노동자들이 흑인으로서의 정체성을 드러내기 위해 부르고 향유했던 급진적 음악으로, 밥 말리는 이 레게 음악에 백인 우월주의자들의 흑인 차별에 저항하는 메시지를 담음으로써 음악적 거장이자 흑인들의 우상이 됐다. 레게는 밥 말리를 대표 삼아 세계적으로 성공한 음악 장르가 됐는데, 다시 말해 상업적 성공을 거두었다는 뜻이다. 돈이 되기 시작한 대중문화는 원래의 저항적 메시지가 탈색되어 형식만이 유행처럼 돌아다니게 마련이어서 심지어 이역만리 대한민국에서까지도 룰라, 김건모, 김흥국 같은 가수들이 메시지성을 찾으려야 찾아볼 수 없는 노래들에 곧잘 차용하기도 했다.

하지만 어찌 보면 이런 현상 자체가 서브컬처와 메인(또는 토털) 컬처의 관계성을 잘 보여준다고도 볼 수 있다. 서브컬처의 존재는 그 자체로 평균치로서 보수성을 띠고 정체되게 마련인 전체의 문화에 새로운 흐름을 추가하는 강력한 동인이 된다. 이러한 추가 과정

256

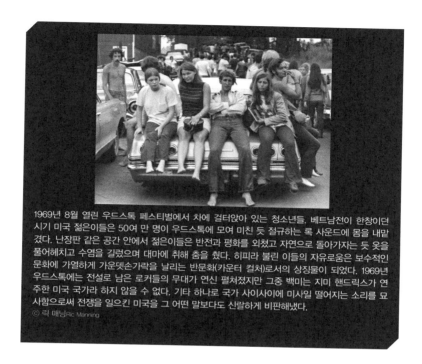

1969년 8월 열린 우드스톡 페스티벌에서 차에 걸터앉아 있는 청소년들. 베트남전이 한창이던 시기 미국 젊은이들은 50여 만 명이 우드스톡에 모여 미친 듯 절규하는 록 사운드에 몸을 내맡겼다. 난장판 같은 공간 안에서 젊은이들은 반전과 평화를 외쳤고 자연으로 돌아가자는 듯 옷을 풀어헤치고 수염을 길렀으며 대마에 취해 춤을 췄다. 히피라 불린 이들의 자유로움은 보수적인 문화에 가열하게 가운뎃손가락을 날리는 반문화(카운터 컬처)로서의 상징물이 되었다. 1969년 우드스톡에는 전설로 남은 로커들의 무대가 연신 펼쳐졌지만 그중 백미는 지미 핸드릭스가 연주한 미국 국가라 하지 않을 수 없다. 기타 하나로 국가 사이사이에 미사일 떨어지는 소리를 묘사함으로써 전쟁을 일으킨 미국을 그 어떤 말보다도 신랄하게 비판해냈다.
© 릭 매닝Ric Manning

에서 때론 격렬한 충돌이 일어나기도 하고 배제와 격리 시도가 일어나기도 하지만, 문화란 본질적으로 밀크티와 같은 법이다. 즉 한번 섞이기 시작한 홍차와 우유가 분리되기란 쉽지 않고 어느 사이엔가 아예 다른 음료가 돼 있다. 문화란 이 과정에 반발해 원류를 찾는 움직임까지 포함해서 평균치를 조정해간다. 주 문화와 하위문화는 이 점에서 보완 관계라 할 수 있고, 또한 그런 관계일 수 있을 때 비로소 건강함을 유지할 수 있다. 하위문화와 주 문화의 충돌과 수습 과정은 한 사회의 문화적 다양성과 수준을 엿볼 수 있는 중요한 요소다.

257

서브컬처의 변용 ① '하이컬처'에 대비되는
비주류 문화로서의 서브컬처

지금까지 언급한 바와 같이 '서브컬처'는 지배 질서에 상대성을 지니는 집단 내의 특질적 문화에 주목하고 의미를 부여하기 위해 명명된 표현이다. 이 낱말은 '서브'sub라는 표현 그 자체로 주와 부, 전체와 하위를 구분함으로써 힘의 주도권과 방향을 가리킨다. 또한 지배와 피지배라는 관계 도식 속에서 일정한 긴장 관계를 유지하는 모습을 가리킨다. 서브컬처는 결국 한 사회 안에 자리한 헤게모니 구도를 이해하는 데 중요한 역할을 하며, 그 안에 담긴 메시지와 목표로 말미암아 지극히 정치적인 함의를 담고 있기도 하다.

하지만 용어로서의 서브컬처는 점차 변용을 겪기 시작한다. 이는 원 표현의 탄생 당시인 1950~1960년대와는 사회 분위기와 저변이 달라졌기 때문이다. 주된 변용 사례로는 '하이컬처'의 반대말로 쓰이는 경우를 들 수 있다. 원래 서브컬처가 열등하다는 의미로서의 '아래'가 아닌 전체의 구성원으로서 '하위'임을 언급했듯 이 또한 어디까지나 순문학, 순수 회화, 고음악을 비롯해 진입장벽이 비교적 높다 평가되고 전통성이 있는 문화를 가리키는 '하이컬처'에 비해 덜 학술적이고 덜 전통적인 일련의 비주류 문화를 가리키는 표현으로서 쓰인다. 일례로 2013년 5월 13일자 한국경제TV 기사를 통해 나간 한 영국계 의류 업체의 광고성 보도에는 업체가 자

258

신들의 기조를 설명하기 위해 '비주류 문화'의 다른 말로 '서브컬처'를 쓰고 있음을 볼 수 있다.

영국 토털 캐주얼 브랜드 캉골이 10일 오후 마포구 앤트러사이트에서 75주년 기념 '캉골 컬처 클럽' 파티를 열었다. 캉골은 올해로 탄생 75주년을 맞아 서브컬처계 아티스트들이 모여 화합하는 장을 마련했다. 그래피티, 팝아트, 인디음악 등 비주류 문화로 인식돼왔던 서브컬처를 지향하는 아티스트 200여명을 초청해 그들의 감성을 공유하며 지속적인 관심과 지원을 약속했다. (중략) 캉골 마케팅팀 관계자는 "이번 파티는 그간 주류 문화계에서 조명 받지 못한 다방면의 아티스트들을 아우르며 그들의 감성과 브랜드의 철학을 공유하는 의미로 기획했다"며 "앞으로도 서브컬처를 대변하는 브랜드로서 협업 등의 프로모션을 통해 관심과 지원을 아끼지 않을 것"이라고 전했다. 〈파티로 하나 된 서브컬처의 장?〉, 한국경제TV, 2013. 5. 13.

여기서 비주류 문화의 갈래로 언급된 문화는 그라피티, 팝아트, 인디음악 등으로 하이컬처와는 확실히 반대 위치에 놓여 있는 대상으로서 '고상한'보다는 '과격한', '우아함'보다는 '파격적'이라는 수식어가 어울릴 법한 것들이다.

재밌는 건 그 자체로 전복적이고 전위적이며 실험적이기까지 한 면이 있고 쓰이기에 따라선 레게와 마찬가지로 굉장히 정치적인 함의와 메시지를 담는 경우도 있지만, 다른 한편으로는 저항과 전복

팝아트. 1960년대 이후 정립된 미술 양식으로, 대량 복제를 기반으로 하는 상업적 대량전달매체(매스미디어) 속 이미지들을 주 소재로 삼는다. 소위 순수예술이라 일컬어지는 하이컬처로서의 예술과는 궤가 다른 양식을 보여주며 이들 예술에 공격적인 자세를 취하거나 의문을 제기하곤 한다.

통칭 '쥐벽서'로 불리며 세간을 뜨겁게 달궜던 그라피티 작품. 2010년 열린 G20 정상회의 홍보물 위에 쥐를 그려 G20 유치를 통한 경제효과를 말하던 당시 정권을 통렬히 조롱했다. 그라피티는 거리 벽면 등에 스프레이 마커 등을 이용해 그리는 그림으로 낙서 예술이라는 표현이 어울릴 법한 작품이 많다. 1960년대 말 미국에서 시작된 조류로 길거리에 비어보이는 벽면을 화폭으로 썼기 때문에 건물주에게 허락받지 않은 민폐성 낙서도 상당수지만 점차 그 안에 메시지를 담는 사례들이 주목받으며 예술로 인정받는 추세다. 우리나라에서는 강촌역 구역사가 그라피티 역사로 작가를 유치한 바 있다. G20 쥐벽서의 경우 법원이 작가에게 벌금 200만 원을 선고해 표현의 자유를 침해했다는 논란이 일었다.

260

이 하이컬처로 구분되는 부류가 지니고 있는 '권위'를 향하는 경우가 많다는 점이다. 이데올로기적인 면보다는 권위적이지 않은 비주류 문화로서 폭발적인 에너지를 자랑하는 젊은이 문화의 이미지를 '서브컬처'라는 표현에 투영한 셈이다.

여기서 주지해야 할 건 '지배 질서'와 마찬가지로 '권위' 또한 수적 우월성에서 기인하지는 않는다는 사실이다. 실은 이마저도 지극히 상대적이어서, 사회체제 안의 보수적으로 평균치에 달하는 인식선에서 일정 이상의 교양적 수준을 '인정'받고 있느냐 아니냐에 따라 결정되는 부분이 있다.

서브컬처의 변용 ② '오타쿠 문화'로서의 서브컬처

또 다른 변용 사례로는 일본에서 유래한 것을 들 수 있다. 이 사례가 우리나라에서는 오히려 앞의 '비주류 문화'로 언급된 경우보다 훨씬 적극적으로 채용되곤 한다.

이를테면 한국 웹에서 '서브컬처 웹진'을 표방한 《프리카》(현 《애니뉴스》)는 스스로를 '만화/애니메이션/라이트노블/코스프레/동인 문화'를 주로 다룬다고 소개하고 있다. 2016년 7~8월 한국 SNS를 뜨겁게 달군 바 있는 미소지니스트들의 난동 한가운데에 등장해 '친메갈리아(미러링을 무기로 삼아 가부장제의 폐해와 미소지니에 맞선 페미니스트들의 커뮤니티) 만화가들의 부적절한 언행을 비판'하고 '비

261

상식적 작가 배제, 의식 있는 작가를 모으고 인성 교육을 진행'하겠다는 목표를 내걸어 논란의 변두리에 선 바 있는 '한국서브컬처협동조합KOSCOP'도 이름에 '서브컬처'를 담고 있다. 이 사례에서 '서브컬처'란 '만화'와 더불어 만화를 둘러싼 일련의 시청각 문화(만화, 애니메이션, 게임, 라이트노블 등등)와 그 파생 문화들(코스프레 등)을 가리키는 표현이다.

이 표현은 일본 오타쿠에서 흔히 통칭되는 것들을 거의 무비판적으로 가져온 것에 가까우며 어감상 '오타쿠 문화' 자체에 가깝다. 물론 이 또한 정확히는 하이컬처에 대비되는 비주류 문화로서의 서브컬처 가운데 한 범주로서 오타쿠 문화가 자리하고 있다고 봐야 할 테지만, '권위'에 대응한다는 맥락은 사라지고 지극히 소비 취향

아즈마 히로키의 《동물화하는 포스트모던》 한국어판. 2007년에 소개됐다. 오타쿠를 소재로 사회의 구조를 분석한 저술로 일본 사회의 형성과 오타쿠층의 관계에 관한 텍스트로서 중요한 관점을 제공한다.

에 따르는 취미, 엔터테인먼트로서의 맥락에 치중하는 인상이 있다는 점에서 차이가 있다.

이와 같은 맥락에서 서브컬처 개념이 정립된 건 1980년대의 일본이다. 이 시기 일본에서는 뉴아카데미즘이라는 조류가 형성됐는데, 이는 비교적 젊은층 사이에 유행했던 포스트모더니즘을 일컫는다. 《동물화하는 포스트모던動物化するポストモダン : 오타쿠를 통해 본 일본 사회オタクから見た日本社会》의 저자 아즈마 히로키東浩紀에 따르면 뉴아카데미즘은 유행 사상으로서의 포스트모더니즘postmodernism이며 1980년대 중반 젊은 세대에게 인기를 끌다 이후 시대와 함께 잊혔다. 한데 포스트모더니즘 자체가 마르크스주의, 소비사회론, 구조주의, 비평이론의 집적으로 이뤄진 굉장히 복잡다단한 사상임에도 1980년대 일본에서는 전문 연구자들이 아닌 일반인들 사이에서 "저널리스틱하게" 유행했다고 한다.

이 뉴아카데미즘은 '저널리스틱'이란 힐난에서도 알 수 있듯 학술적인 견지를 벗어나 비교적 대중에게 잘 먹힐 만한 방식으로 포스트모더니즘에 접근한 것을 뜻한다. 서브컬처라는 용어는 이와 비슷한 시기에 일본에 수입돼 뉴아카데미즘의 유행 속에서 역시 원래의 맥락이 사라진 채 유행했는데, 전통이나 기존 기성 문화에 대비해 비주류성을 띤다고 판단되는 젊은 문화들을 서브컬처라는 표현으로 포섭함으로써 '서브컬처 붐'이라는 표현까지 낳았다.

이 시기는 고도 성장기에 폭발한 중산층의 소비 기조를 타고 성행한 가전 기기 보급을 통해 영상 문화의 세례를 듬뿍 받은 이들이

점차 SF컨벤션 등을 통해 아마추어 애니메이션을 발표하는가 하면 서클을 조직해 인기 만화의 패러디 동인지를 만드는 등 취향 문화를 적극적으로 체화, 향유하던 오타쿠 계층의 형성기와 맞닿아 있기도 하다. 일본의 오타쿠 세대는 전후 베이비부머 세대(단카이団塊 세대)의 자식 세대라 할 수 있는 단카이 주니어団塊ジュニア들과 그보다 조금 앞서 등장한 소위 신인류新人類 세대에 걸쳐 등장한다. 이들은 1960년대에 태어나 1970년대 만화와 애니메이션을 보며 성장한 세대로, 이들이 본격적으로 사회에 진입한 1980년대에 이르면서 소비 시장 규모 면에도 영향을 끼치는가 하면 직접 창작 직군으로도 진입하면서 만화와 애니메이션의 위상 자체가 그 이전과는 달라진다. 물론 그렇다고 일본의 만화와 애니메이션이 '메인 컬처'나 '하이컬처'의 지위에 올랐다는 이야기는 아니지만 말이다.

당시 일본에서 쓰였던 '서브컬처' 용어의 범주에는 디스코, 록밴드, 하라주쿠 스트리트 패션 등 버블 경기에 유행한 각종 젊은이 문화까지도 포함돼 있었다. 이 자체는 하이컬처에 대비되는 위치에 선 비주류 문화의 범주와 일맥상통하는 부분이 있다. 하지만 만화와 애니메이션 등의 주 소비 계층이 1983년 나카모리 아키오中森明夫의 〈만화 브릿코漫画ブリッコ〉 칼럼을 통해 '오타쿠'로 명명되고, 이들 매체의 위상 변화가 일어난 1980년대를 지나 1990년에 접어들자 서브컬처는 주로 오타쿠 층이 창출하고 소비하는 매체를 가리키는 표현으로 별다른 주석 없이 쓰이는 모습이 나타난다. 말하자면 용어 내 헤게모니 대결에서 '오타쿠가 승리했다'라고 볼 수도 있

을 터지만, 이러한 흐름을 다소 불쾌하게 여기거나 고집스레 '서브 컬처'와 '오타쿠 문화'를 구분지어 언급하는 흐름도 여전히 있다.

이는 용어로서의 '오타쿠'가 명백하게 비아냥으로 출발하고 1989년 도쿄·사이타마 연속 유아유괴 살인사건을 일으킨 미야자키 츠토무宮崎勤가 '오타쿠, 롤리타 콤플렉스 살인귀'로 프레이밍되며 오타쿠를 향한 인식이 안 좋아진 탓도 있을 터지만, 그 불쾌감은 사실 반대 방향으로도 작동한다. 결국 양쪽 공히 비주류 정체성을 지닌 집단 특유의 구별 심리를 드러낸 것으로 봐야 할 듯하다. 어느 쪽이 됐든, 용어가 원래 지니고 있던 학술적 의미나 정치적, 권위에 상대적인 위치를 점하는 모습들이 완전히 탈색된 채 비주류 가운데에서도 일부만을 가리키는 용어로 쓰임으로써 적잖은 혼선을 일으키고 있는 상황이다.

한데 혼선은 시간의 흐름과 함께 완화되기는커녕 정도를 더해가고 있는 추세다. 대표적인 게 약어다. 일본에서는 서브컬처의 줄임말로 '사부카루'サブカル 즉 '서브컬'을 쓰는 조류가 생겨났다. '서브컬처'를 오타쿠 문화에 접수당한 것으로 간주해 '서브컬'을 구분해야 한다는 관점을 보이는 경우가 있는가 하면, 2016년 들어서는 뒤에 성별을 붙여 '서브컬 여자'サブカル女子 같은 말을 만들어 붙이면서 특정한 패션과 성격을 분석하는 유행이 돌고 있기도 하다. 한 웹진의 분석에 따르면 서브컬 여자는 '독자적인 세계관과 집착 대상을 지니고 있고 마이너한 취미나 오락을 즐기며 자신의 서브컬처 애호 성향을 남에게 어필하는 경향이 강하다' '큰 멋쟁이 안경, 보브 헤

265

어, 스타킹 등을 착용해 나와 남을 구분한다'(《머리 모양이나 복장으로
보는 서브컬 여자의 8가지 특징 —남성에게서 미움 사는 이유는?〉,《welq》,
2016. 7. 14)고 한다. 이런 식의 구분은 황색지답게 다분히 스스로를
'일반' 범주에 놓고자 하는 부류의 기저에 깔린 혐오 정서를 반영하
는 경향이 있다. 소위 '일반인' 관점에서 '서브컬'이란 표현과 그 적
용 대상이 어떤 어감과 시선으로 소비되고 있는지가 잘 드러나는
대목이다. 재밌는 건 해당 웹진 차원에서도 좀 지나쳤다 생각했는
지 현재는 기사 자체가 삭제돼 있을 정도.

　오타쿠 문화와 구분을 지으려는 시도이든 아니든, 동의어든 아
니든, 어쨌든 일본에서 쓰이는 '서브컬처' 또는 '서브컬'은 그 자체
로 완전히 '일본 오리지널'이 된 모양새고 오타쿠 문화의 표면적
'패션'을 손쉽게 가리키는 도구가 되고 있는 걸로도 보인다. 여기까
지의 상황만 놓고 보면 '서브컬처'가 오타쿠 문화 자체를 나타내는
말이 됐다는 관점조차 힘을 적잖게 잃지 않았나 싶다.

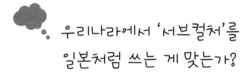

우리나라에서 '서브컬처'를
일본처럼 쓰는 게 맞는가?

우리나라로만 한정하고 보자면, 학계를 제외하면 '서브컬처'라는
용어를 일본에서 정리된 '오타쿠 문화'와 거의 동일한 어감으로 쓰
는 경우가 상당수다. 이는 서브컬처라는 용어가 우리나라에서 '수

입산 인터넷 은어' 정도로 소비된 탓이다. 그 겨를에 한국 사회의 배경이 반영될 여지도 없었다. 언어가 민중의 삶과 사회의 구조를 고스란히 반영하는 정치적 도구임을 보자면 우리 사회 안에서의 맥락이 뭐 하나 반영되지 않은 용어의 쓰임새가 우리 안에서 묘하게 겉도는 건 어찌 보면 당연한 일이었다.

서브컬처를 오타쿠 문화쯤으로 바로 인식할 수 있는 이들은 일본의 오타쿠 문화 또는 한국화한 '오덕' 문화가 익숙한 이들이다. 한국에서 오타쿠 또는 오덕이란, 근래 들어서야 대중 사이에서 인식이 개선되고 범주가 확장해가는 과정에 놓여 있는 부류이며 그 자체가 전체 대중 사이에서 큰 비중을 차지하는 계층은 아니다. 이들의 형성 과정은 일본 쪽의 오타쿠 형성 과정과는 차이가 있고, 비록 자생했다곤 하지만 문호가 개방되지 않은 시기에 각종 장벽을 부수고 넘어가며 외국의 선진 문물(?)을 얻고 흡수하는 데서 시작한 탓에 내외 불균형에 따른 여러 가지 패러독스와 오해를 끌어안

2013년 10월 20일 열린 제3회 K-POP 월드 페스티벌에 나온 걸그룹 레인보우 멤버들
© 코리아넷

〈뽀롱뽀롱 뽀로로〉. 청소년용 2D 애니메이션 대부분이 시장성을 확보하지 못하고 실패한 토양 위에 유아용 3D 애니메이션으로 성공 사례를 만든 경우다. 유아층의 절대적인 지지를 얻으며 '뽀통령'이란 표현도 만들어냈다.
ⓒ ICONIX / OCON / EBS / SKbroadband

고 있기도 했다.

게다가 그 대상이 일본이다 보니 자연히 인식 선에 변수가 많이 발생했다. 이를테면 '일빠(일본 빠돌이/빠순이. 즉 일본 문물을 맹목적으로 추종한다는 뜻)' 논란이 그러하다. 게다가 안타깝게도 한국의 만화와 애니메이션은 일본에 비해 시장 크기와 품질에서 차이가 있었다. 따라서 '오타쿠'라 구분할 만한 계층의 범위도 차이가 있을 수밖에 없었다. 그 사이에 한국의 대중문화에서 영향력과 인식을 키운 건, 오덕 입장에서는 안타까운 일이지만 만화와 애니메이션이 아니라 영화와 드라마 그리고 K-POP과 같이 실사 화상과 실제 인물에 근거한 것들이었다. 만화 또한 오덕 입장에서는 안타깝게도(?) 그들의 구미와 취향보다는 웹툰과 같이 '인터넷 이용자' 전반을 대상으로 한 스낵컬처로 확장해갔고 만화계의 한 축으로 자리 잡은 학습만화는 유아와 초등학생용인데다 애니메이션 또한 1990년대 후반을 전후한 반짝 시도 이후엔 유아용 3D만이 살아남는다는 확실한 결론을 얻은 상태다. 조금 다른 게 있다면 게임인데, 〈스타크래프트〉 이후 온라인 게임은 일부 계층이 아닌 세대 자체의 놀이로 자리 잡음으로써 낮은 사회적 인식과 국가 차원의 탄압 기조와 달리 실제로는 비교적 크고 넓은 시장 규모를 이루고 있다. 2016년 들어 페미니스트 성우 및 일러스트레이터 퇴출이라는 여성혐오적 악수를 거듭 중인 국내 게임계가 이만한 규모를 언제까지 유지할 수 있을지는 몹시 걱정스러운 대목이지만 말이다.

결국 한국에서 오덕 계층이 주 시장층이자 수요자 대부분을 차지하는 장르는 엔터테인먼트 소설인 라이트노블이나 분장과 캐릭터 몰입 연기를 요하는 코스튬플레이 정도고, 주축이라 할 수 있는 만화와 애니메이션은 이미 오덕층을 오롯이 주 대상으로 삼지 않을 뿐더러 오덕층을 노리고 만들어진 작품들이 국내 작가의 손으로 창작되어 유의미한 결과를 내기란 쉽지 않다. 오덕들이 애호 대상을 향유하는 방식이나 집단 내 유행 코드들이 대중 사이에 진입해 들어가고 있는 과정에 있을 뿐, 시장 자체의 성격이 오덕들에게 특화한 상황은 아니다. 심지어 인터넷 시대 이후에 형성된 한국의 남성 오덕층은 돈을 안 쓰는 일을 큰 미덕으로 삼은 부류여서 시장 면으로도 그다지 유의미한 입장이 못 된다.

따라서 서브컬처＝만화, 애니메이션, 게임, 라이트노블, 코스프레 등＝오타쿠 문화라는 등식은 일본에서는 성립할 수 있어도 한국에서는 사실상 성립할 수가 없다. 아무리 오덕(또는 덕후라는 표현까지 포함해서)의 범주가 '특정 분야의 능력자들'이라는 개념으로 확장하고 있는 추세고 팬 활동을 '덕질'로 부르는 추세에 있긴 하다지만, 인터넷에서 곧잘 쓰이고 있는 '서브컬처'의 개념이 근래 확장된 대상까지 포괄하고 있지는 않다. 일본에서도 혼선이 있는 말이지만, 그걸 한국에서 그대로 쓰기에도 맞지 않는 구석이 많은 셈이다.

일본이 그러했듯 아예 "원래 뜻이나 맥락이 어떻든 우리는 한국에서 만화나 애니메이션, 게임, 라이트노블을 그냥 서브컬처라 묶어 부르겠다"고 한다면 모르겠지만, 용어를 규정하는 헤게모니의 주도권이 오덕들에게 있지 않은 이상 이 또한 무리가 따른다. 결국 오타쿠 문화로서의 서브컬처에 관해 가장 잘 이해하는 방식은 '일본 한정'으로 국한하는 게 그나마 맞을지 모른다. 그쪽에서는 이 표현이 적잖은 시간에 걸쳐 정착됐으나 한국은 그렇지 않다. 고로 별다른 충돌도 논의도 없이 무작정 '통용'시키는 게 과연 맞을까에 관한 고민이 필요하다.

물론 그렇다고 대안을 내세우기도 모호하기는 하다. 한국에서는 비슷한 범주를 포괄하는 개념으로 '문화콘텐츠'라는 표현이 주로 쓰였다. 2001년 8월 김대중 정권은 '국가핵심기술 6T'를 내세웠는데, 이 가운데 하나가 'Culture Technology', 즉 문화산업기술이었다. 문화콘텐츠는 바로 이 문화산업기술을 통해 창조되고 개발되고 제작되며 가공, 유통되는 창의적 문화 요소들 전반을 포괄하는 용어로 등장했다. 형태상으로는 '문화'에 "부호와 문자, 음성, 음향 및 영상 등 또는 이들의 복합체를 포함하는 자료 또는 정보"를 일컫는 콘텐츠content를 붙인 것이다. 당시 정부는 2001년 8월 22일 문화콘텐츠 산업을 대표적 수출 산업으로 육성하기 위해 '한국문화콘텐츠진흥원'을 설립함으로써 문화콘텐츠가 문화산업기술에서 어떤 역할을 하는지를 명백하게 드러냈다.

하지만 문화콘텐츠라는 표현은 태생부터가 국가 전략이며, 문화산업기술CT이라는 표현에서 볼 수 있듯 다분히 산업적, 기술적 측면을 갖추고 있다. 다시 말해 문화를 기술을 통해 제조할 수 있는 상품으로 보는 시각이 자리하고 있기에 가능한 발상이었다 할 수 있으며 국내외 대중을 대상으로 얼마나 산업적인 성과를 창출해낼 수 있는가가 관건이 될 수밖에 없는 이름이다. 그리고 결정적으로 지나치게 폭이 넓다. 문화콘텐츠 안에는 만화나 애니메이션, 게임은 물론 영화, 드라마, K-POP과 같은 영역이 모두 들어간다. 태생부터 산업 용어인 이상 역시나 문화 연구적 맥락도 비주류 문화로서의 맥락도 없을 뿐더러 성격이 완전히 다른 장르마저 융복합 가능성이라는 주제 아래 마구 묶이곤 한다. 용어가 쓰이는 목적 자체가 다른 탓이겠지만, 일본식의 '서브컬처' 용어를 대체할 말로 쓰기엔 무리가 있다.

한국에서 '서브컬처'를 일본과 같은 어감으로 쓰기는 어렵다

글을 마무리하는 시점에 난감한 기분을 지울 수가 없다. 용어 적용

271

의 난맥상은 양국의 시장 규모와 상황 그리고 수요층의 차이 탓에 발생하는 문제다. 일본에서 오타쿠층이 형성된 과정과 이를 둘러싼 사회 변화 과정을 한국이 똑같이 밟을 수 없고, 해당 장르를 먹여 살리는 중심축에 '오덕층'이 있지도 않은 상황이고 보면 오타쿠 문화라 뭉뚱그리는 용어를 그대로 쓸 수는 없는 일이다.

　문화콘텐츠란 표현은 포괄하는 폭이 지나치게 넓은 산업 용어라는 한계를 내포한다. 이쯤 되면 오덕 입장에서 즐기는 문화를 따로 구분해 표현하고 싶다는 발상 자체가 과연 온당하긴 한가 하는 의문마저 불쑥 들고 만다. 차이가 있어도 그냥 우격다짐으로 '서브컬처'를 쓰고 말면 그만일까, 우리식으로 '문화콘텐츠'로 적고 일일이 장르명을 나열해야 하나, 아니면 안전하고 정치적으로 올바른 말을 찾는 게 옳을까. 아니, 구분하는 편이 좋겠다는 생각도 지극히 '비주류'인 입장의 정체성 부각 욕구는 아닌가? 혼란한 와중이지만, 적어도 나는 '서브컬처'란 낱말을 일본과 같은 뉘앙스로 쓰지 않는 편이 어떨까 하는 의견을 피력해본다.

272

생각할 거리들

ACCF 작명에 비추어 본 서브컬처—문화콘텐츠의 어감 차이

지난 2003년 6월 21일, 서울에서 ACCF라는 단체가 결성됐다. ACCF는 아시아 문화콘텐츠 포럼Asia Culture Contents Forum의 약어로, 한일 양국의 만화·만화영화·게임계를 중심으로 활동하고 있는 연구가와 업계 관계자들이 모인 일종의 느슨한 연구·교류 모임이다. 한국에서는 한일 양국에서 만화 문화의 가교 역할을 해온 선정우를 비롯해 만화평론가이자 미디어 연구자인 김낙호, 일본 스퀘어에닉스를 거쳐 현재 일본 코미코의 편집자를 맡고 있는 이현석 등이 참여했다. 일본 쪽에서는 아즈마 히로키와 더불어 히키코모리(운둔형 외톨이) 전문 정신의학자이자 《폐인과 동인녀의 정신분석(원제: 박사의 기묘한 사춘기博士の奇妙な思春期)》를 쓴 사이토 타마키斎藤環 등이 참여했다. 나 또한 관계자로 말석에 이름을 올렸다.

그런데 언뜻 반듯해 보이는 단체 이름을 짓는 과정에서, 국경을 넘어 어렵사리 모인 스무 명 남짓의 사람들은 그만 생각지도 못한 고민거리를 맞닥뜨렸다. 이유인즉 일본 쪽의 주도자인 비평가 아즈마 히로키가 제안한 이름인 '한일/일한 서브컬처 연구회(가칭)'에 쓰인 '서브컬처'라는 낱말에 대해 한국과 일본 양국에서 받아들이

273

는 개념과 어감의 차이가 상상 이상으로 컸기 때문이다.

결국 이날의 회의는 '서브컬처' 대신 한국 쪽이 제안한 '문화콘텐츠'를 일본 쪽이 받아들이고, 여기에 한일보다 좀 더 넓은 무대를 품자는 의미로 아시아를 붙여 모임의 이름을 '아시아 문화콘텐츠 포럼'으로 하기로 잠정 결정했다. 하지만 그 간단한 이름 하나를 짓는 데 몹시 오랜 시간이 걸린 건 양측이 인지하고 있는 개념의 차이를 그대로 반영한다고 할 수 있겠다.

한일 양국의 대중 지향 문화 매체들을 아우르는 용어로서 '문화콘텐츠'를 일본 측이 수용하는 결론을 내린 셈이지만, 오타쿠 컬처로서의 서브컬처 개념과 문화콘텐츠 개념은 겹치는 부분이 있을 뿐 가리키는 지점과 수용층의 성격 자체가 다르기 때문에 충돌하는 지점은 여전히 있다. '서브컬처'를 국내에서 그대로 쓸 수 없고 '문화콘텐츠'가 오덕들이 주로 향유하는 문화만을 가리키지 않는다면 양쪽이 만족하는 번역어나 새 개념을 세울 수는 없을까—가 ACCF의 네이밍 사례를 겪으며 들었던 고민이건만, 그 이후로 13년이 지나는 지금에 와서도 결국 답을 내리지 못하고 "일본에서 쓰이는 그대로 쓰기는 어렵지 않을까 생각함"으로 글을 마무리하고 있다.

여담이지만 해당 단체는 말 그대로 매우 느슨하게 결성된 터라 이후 별다른 움직임을 보이진 않고 있거니와 당시 참석자들의 위치도 관심사도, 게다가 양국 관련 업계의 지형도도 현재는 적잖게 변해 있는 상황이다. 하지만 그간 쌓인 경험을 비교적 언어 장벽 없이 공유할 수 있는 틀이 마련될 수 있다면 어떨까 하는 바람이 여전히 있다.

특히 'K-'라는 머리글자를 붙인 모든 게 국가적 사기극이었음이 드러나고 있는 요즘, 한국의 문화 전반이 '한류'라는 허울 좋은 망상 뒤안길에서 '갈라파고스화'를 겪게 될 것이 우려되는 상황이다 보니 더욱 그러하다. 부풀린 수치에 현혹되기보다 상황을 직시하고 앞을 보기 위해선 콘텐츠 창작만이 아니라 안팎의 시선을 담은 연구가 필요하다. 유사점과 차이점이 공존하는 한일 양국의 오덕, 오타쿠 문화의 현재를 놓고 교류할 틀이 다시금 짜일 수 있길 기대해 본다.

마무리하며

2016년 한 해를 통째로 이 원고들과 함께 보냈다. 딸이 2015년 막바지에 태어났으니, 사실 딸아이의 첫해와 함께한 글들인 셈이다. 차마 다 말하지 못할 우여곡절이 지층처럼 쌓여 있는 글들이면서도 한편으로는 남다른 애착이 가는 까닭은 글을 쓰고 다듬는 과정이 육아와 겹쳐 보였기 때문이었는지도 모른다. 자칫 그대로 가슴에 묻을 수도 있었던 원고를 다시금 묶어낼 수 있었다는 사실이 그저 기쁠 따름이다.

이 책의 제목에는 '오덕'이란 말이 들어간다. '오타쿠'라 적지 않은 까닭은 글의 방향을 나 그리고 우리가 발 딛고 서 있는 이 땅에서의 이야기들로 맞추고 싶었기 때문이다. 나는 만화와 애니메이션 등을 좋아한 채로 마흔을 바라보는 아저씨가 된 입장이고, 빼도 박도 못하고 오덕이라는 정체성을 지니고 있다. 한데 오덕이란 말 자체가 일본어에서 왔고, 오덕 문화 또한 많은 부분에서 일본의 영향을 받았으되, 그 말이 쓰이는 맥락은 태반이 혼란스럽거나 혼동되거나 심지어는 적잖게 달라지기도 한다. 게다가 일본 대중문화가 개방되지 않았던 시기와는 완전히 다른 세상이 된 것도 벌써 20년을 향해 달려가고 있다.

이제 '오덕'은 '오타쿠'와는 또 다른 맥락성을 지니고 자생해가고 있다. 이 책을 통해 별 유난을 떨며 "우리 오덕 문화의 우월함" 따위를 설파할 생각은 없었다. 물론 나를 비롯해 이 나라 오덕 구성원 상당수에게 피해의식과 방어기제에 충실했던 시절이 없었다고는 할 수 없겠으나, '츤데레' 같은 표현이 요즘 우리나라에 쓰이고 있는 용례에서 드러나듯 오덕층이나 오덕 문화 자체가 견고하게 시장성을 형성하기보다는 대중문화 속에 적당히 MSG 역할을 하며 녹아들어가고 있는 추세다.

나는 이러한 역할로도 나쁘지는 않다고 생각했다. 다만 녹지 않은 덩어리들로서, 또는 더 첨가할 덩어리들로서의 '코어'한 영역은 계속해서 있었고 계속해서 새로 생성될 것이라고도 생각했다. 그렇다면 그 근원부터 현재 해석되고 있는 맥락과 여러 논란을 우리 실정에 맞춰 파고들어가 보는 과정 또한 필요하다고 생각했다.

웹툰을 비롯해 콘텐츠 환경 자체가 일본과 많이 다른 우리나라에서 오덕들의 문화와 역할은 일본의 오타쿠들과는 많은 부분에서 비슷하되 다르다. 그리고 앞으로도 더더욱 달라질 것이다. 나는 단지 오덕을 오타쿠와 단순 동의어로 놓고 용어를 해설하기보다는 우리나라의 오덕 문화가 우리네 현실과 닿아 있는 접점이 무엇인가를 찾아보려 했다. 그래야만 다시금 웹툰을 비롯해 일본과는 다른 우리나라의 환경에서 일어나고 있는 수용자층의 움직임과 그 기저에 깔려 있는 맥락을 이해할 수 있다고 봤기 때문이다. 또한 오덕의 코어한 면을 좀 더 넓은 대중문화에서 MSG로 쓰고 있다면, 기왕 가져가는 것 쓸데없는 오도와 오해 없이 가져가게 하는 장치도 필요하다고 봤다.

한데 이 글을 쓰는 동안에 정말 많은 일이 있었다. 개인적으로 겪은 일은 차치하고서라도, 이 책이 다루는 주제에 직접적으로 맞닿아 있는 상황 변화가 아주 거셌다. 수년 전부터 동성애자와 장애인 등 사회적 약자를 대상으로 낌새를 보이던 혐오 발화 및 테러가 2016년에 이르러 페미니즘 티셔츠를 인증한 성우를 퇴출시킨 사건을 발화점으로 터져 나오기 시작한 것이다.

만화는 물론 오덕 바닥도 예외는 아니어서, 여성혐오(미소지니)에 반대한다는 입장을 밝히는 것만으로도 어느 구석의 못난이 사관들이 작성한 블랙리스트에 이름을 올리게 되는가 하면 SNS를 통한 인신공격과 업계 퇴출 압박에 시달려야 하는 웃지 못할 상황이 연일 벌어지고 있다. 그리고 오랜 시간 다양한 방향에서 피해를 입어 온 여성들은 이러한 일련의 반민주적 테러를 "남성 오타쿠(또는 오덕)의 특성"으로 규정하며 분노했다.

이 과정에서 나는 심히 고민스러웠다. 난감하게도, "오타쿠는 현실과 가상을 구분하지 못한다"거나 "오타쿠 문화는 소아성애적이다"거나 하는 너무나 철지난 논란이 피해자의 경험과 일부의 극단적으로 멍청한 행위로 말미암아 일부나마 현실 속에서 또 다시 설득력을 획득하고 있었다. 그 와중에 바로 그 오타쿠 문화의 일부분을 키워드로 잡고 해설해보겠다 이야기하는 게 과연 괜찮은지, 아니면 이미 작성한 부분에 여성혐오로 해석될 여지를 나도 모르는

278

사이에 남겨놓고 있지는 않은지 등을 고민하다 한동안 원고에 손을 대지 못하고 있었다. 시작할 때에는 적당한 무게로 배치하려 했던 '우리 사회에서의 맥락'이 현실 속 상황 변화로 인해 졸지에 원고에서 지나치게 묵직한 무게를 차지하게 됐다. 이런 상황에서 평소 생각을 몇 마디 남겼다가 트위터 멘션창이 그야말로 만신창이가 되는 테러를 지속해서 당한 것도 피로도를 높였다.

그럼에도 글쓰기를 포기하지 않은 건 과장 하나 없이 오롯이 아내 덕이다. "당신은 이 책을 내야 한다"는 목적의식을 끊임없이 불어넣어주고 다독여주고 꼭지마다 첫 독자로서 온갖 조언을 아끼지 않은 덕에 여기까지 왔다. 각 이슈와 관련해 격렬한 토론을 거듭한 나날도 잊지 못할 것 같다. 어떤 말로도 고마움을 다 표현할 수 없다.

서문에서 약한 소리를 적는 일은 독자를 향한 예가 아니라고 하지만 마무리하는 시점에 와서까지 센 척을 할 만한 염치는 없다. 독자 여러분의 마음에 어느 정도 찰 수 있을지 적잖게 걱정이 앞선다. 부족하나마 이렇게 마무리를 짓는 바, 기회가 닿는 한 계속해서 이와 같은 작업을 해나갈 것을 독자 여러분께 약속한다.

키워드 오덕학

— 자생형 한국산 2세대 오덕의 현재 기록

ⓒ 서찬휘, 2017

초판 1쇄 인쇄 2016년 12월 26일
초판 1쇄 발행 2017년 1월 2일

지은이 서찬휘
책임편집 손성실
편집 조성우
마케팅 이동준
디자인 권월화
용지 월드페이퍼
제작 (주)상지사P&B
펴낸곳 생각비행
등록일 2010년 3월 29일 | 등록번호 제2010-000092호
주소 서울시 마포구 월드컵북로 132, 402호(성산동, 4층)
전화 02) 3141-0485
팩스 02) 3141-0486
이메일 ideas0419@hanmail.net
블로그 www.ideas0419.com

ISBN 979-11-87708-11-7 03300